Una cosa que he notado al crecer en la iglesia es que, generalmente, nos enseñan ciertas propiedades de la Biblia, pero no nos enseñan cómo leerla. Mike Bird es un regalo para la iglesia en cuanto es un erudito bíblico experimentado que puede condensar asuntos complejos en algo comprensible, e incluso agradable. Si quieres crecer en tu aptitud para leer la Escritura y pasar un excelente momento mientras lo haces, ¡lee este libro!

AIMEE BYRD, autora de *Recuperándonos de la hombría y la feminidad bíblica* y *¿Por qué no podemos ser amigos?*

Antes de que puedas hablar de lo que dice la Biblia acerca de "esto" y "aquello", es importante procesar lo que *es* la Biblia. Bird ofrece claridad y conocimiento sobre grandes temas —como la inspiración, el canon y cómo leer la Biblia sabiamente—, todo esto en siete capítulos cortos. Hubiera deseado tener este libro cuando estaba comenzando a aprender cómo estudiar la Biblia.

NIJAY K. GUPTA, profesor del Nuevo Testamento, Northern Seminary.

En una época en la que el cristiano común ya no sabe quién es Josefo, por qué leer "literalmente" puede terminar en errores, o incluso cómo se recopiló, la lucha por ayudar a los cristianos a comprender lo básico sobre la Biblia es algo real. *Al fin existe un libro que puedo entregar a mis amigos cristianos y decirles: "¡Lee esto!"*. Bird aborda con humor las diferencias y malentendidos más comunes entre los cristianos, en una forma que la persona promedio puede entender: la naturaleza de los textos, la buena interpretación, el papel de la historia y cómo funciona la Escritura dentro de la comunidad cristiana. Este sería un gran libro para un pequeño grupo o para las familias en sus casas. Escucha a Bird ahora, y agradécele más tarde.

DRU JOHNSON, profesor asociado de estudios bíblicos en The King's College, director del Centro de Pensamiento Hebraico.

¡Santo Cielo! Esto suena a cliché, pero es absolutamente cierto —este es un libro que todo cristiano o toda persona que explora el cristianismo debería (preferiría decir debe) leer. La razón es que el conocer al Jesús verdadero proviene de lo que leemos en la Biblia. Sin embargo, hay tantos malentendidos respecto a lo que la Biblia es o no es, que pueden conducir a una mala comprensión de Jesús y de lo que significa seguirlo. No digo esto a la ligera, pero leyendo lo que Mike ha escrito en este libro, nos ayuda a tener un renacimiento sobre cómo vemos y entendemos la Biblia. Insto a todos —tanto a no cristianos como a cristianos maduros— a que lean este libro, y ya nunca volverán a ver o pensar en la Biblia de la misma manera.

DAN KIMBALL, autor de Cómo (No) leer la Biblia, personal de la Iglesia Vintage Faith.

SIETE COSAS
QUE DESEARÍA QUE

TODO
CRISTIANO
SUPIERA

SOBRE LA
BIBLIA

MICHAEL F. BIRD

Editorial CLIE
www.clie.es

EDITORIAL CLIE
C/ Ferrocarril, 8
08232 VILADECAVALLS
(Barcelona) ESPAÑA
E-mail: clie@clie.es
http://www.clie.es

Publicado originalmente en inglés bajo el título *Seven Things I Wish Christians Knew about the Bible.* Copyright © 2021 por Michael F. Bird.
Publicado con permiso de Zondervan Reflective. Una división de Zondervan, Grand Rapids, Michigan, USA.

Traducido por: Jaime A. Toledo Vergara y Víctor Toledo Vergara

© 2023 por Editorial CLIE.

**SIETE COSAS QUE DESEARÍA QUE TODO CRISTIANO SUPIERA
SOBRE LA BIBLIA**
ISBN: 978-84-19055-48-4
Depósito legal: B 7369-2023
Teología cristiana - Apologética
REL067030

Impreso en Estados Unidos de América / *Printed in the United States of America*

23 24 25 26 27 LBC 5 4 3 2 1

ÍNDICE

PREFACIO

Siete cosas que desearía que todo cristiano supiera sobre la Biblia es sobre la Biblia para los que creen en ella. Es el resultado de luchar veinte años con la Escritura, explicando de dónde vino, cómo interpretarla, cómo abordar sus partes difíciles, cómo amarla y cómo obedecerla. En este libro, quiero compartir contigo lo que he aprendido sobre la Biblia (¡cosas increíbles!) y lo que he aprendido sobre las personas que leen la Biblia (¡a veces cosas raras y aterradoras!). La Biblia dice muchas cosas y la gente dice muchas cosas sobre ella. Pero las "cosas" que muchas veces dice la gente respecto a la Biblia no siempre son verdaderas, y a veces son incluso inútiles. Como tal, lo que quiero hacer en este delgado tomo es explicar cómo pensar acerca de la Biblia y cómo aprovecharla al máximo. Hago esto porque la Biblia es un libro importante; de hecho, a mi parecer, es el libro más importante del mundo. La Santa Biblia es nada menos que el mensaje de Dios para nosotros, así que necesitamos tener un sólido dominio de lo que realmente es, de dónde vino y de lo que debemos hacer con ella. Al final de este libro, espero haber cambiado tu manera de pensar sobre la Biblia, haber transformado tu manera de manejarla, y haberte inspirado a leerla como nunca antes.

Escribí *Siete cosas que desearía que todo cristiano supiera sobre la Biblia* porque si eres cristiano, entonces estas son las cosas que realmente, realmente, ¡realmente necesitas saber! Me atrevería a decir que si todos supieran estas siete cosas, si los pastores predicaran sobre ellas, si las enseñaran en las clases de escuela dominical para adultos y para grupos pequeños, entonces no tendríamos en nuestras iglesias tantos problemas con la Biblia como tenemos en la actualidad. Ahora bien, podrías ir a un seminario para aprender más en profundidad sobre la Biblia, pero la realidad es que no todo el mundo tiene ese llamado, o el tiempo para dedicar años de sus vidas al estudio bíblico. Pero, como quien ha estado en la torre de marfil de la erudición bíblica, he aprendido una o dos cosas que valen la pena compartir con los cristianos que atesoran la Biblia y quieren conocerla mejor. Si la erudición bíblica es un terreno desconocido para ti, entonces quiero ser tu guía turístico e intérprete. Quiero mostrarte cómo las percepciones de la erudición bíblica pueden responder algunas de tus preguntas sobre la Biblia, mejorar tu experiencia en ella y agudizar tu comprensión de ella. Este viaje hacia el interior de la Biblia, espero que equipe y anime a todo cristiano a hablar con confianza y credibilidad sobre la Biblia, a manejarla responsablemente, a lidiar con ella seriamente, así como a obedecerla fielmente.

Para quienes quieran saber algo de mí, soy un académico en todas las áreas de la Biblia, así como un pastor anglicano y un devoto seguidor de Jesús. Tengo un pie en la academia y un pie en la iglesia. No te mentiré, a veces estar en ambos lados se siente como patinar sobre hielo. Sí, sé que no te subirás al hielo en patines; ese es precisamente el punto. A veces, combinar la fe con la erudición se siente incómodo, extraño y difícil de equilibrar. Pero como cristiano, me tomo la Biblia en serio y participo en debates serios sobre la Biblia, desde lo básico hasta lo esotérico.

Como académico, me especializo en el estudio de los orígenes, significado, interpretación y aplicación de las Santas Escrituras. Les digo a mis alumnos que soy básicamente un *"Nerd* profesional de la Biblia". Mi vida diaria se consume intentando entender la Biblia y hacerla comprensible para otros. Me obsesiono con la Biblia de la misma forma que algunas personas se obsesionan con el fútbol, las antigüedades, las cuentas de Twitter de celebridades o las películas de *Star Wars*. Manejo la Biblia como un trabajo, como una disciplina espiritual y como una pasión de tiempo completo. Amo la Biblia como los canadienses aman el almíbar de arce y los neozelandeses aman un buen asado de cordero. Tengo pasión por la Biblia, y espero que esa pasión se haga contagiosa a través de este libro.

Como pastor, me interesa la alfabetización bíblica en las iglesias, ver a los cristianos crecer en su fe, aprender cómo la Biblia informa su vida diaria y ver cómo la Biblia los hace crecer en su fe. En mi rol de la iglesia también me intereso por los ataques a la verdad de la Biblia, me preocupo por las distorsiones de la Biblia y, frecuentemente, me aflijo por las divisiones tribales y la desunión que resultan de las diferentes formas de entender la Biblia. Mi oración es que toda la iglesia esté unificada en su devoción a la Escritura y —como decimos los anglicanos— que juntos "leamos, marquemos, aprendamos y procesemos interinamente" sus páginas. Si este libro ayuda a las personas —sin importar cuán diversas y distintas sean— a juntarse a estudiar la palabra de Dios, a aprender de ella tanto como de los demás, entonces consideraré que escribirlo valió la pena.

RECONOCIMIENTOS

Al escribir este libro, tengo una deuda con las cuatro universidades en las cuales he enseñado, entre las que se incluyen la Universidad Teológica de Highland (Dingwall, Escocia), la Escuela de Teología de Brisbane (Brisbane, Australia), la Universidad Bautista de Houston (Houston, EE. UU.) y, especialmente, con la Universidad Ridley (Melbourne, Australia). Mis colegas y estudiantes a lo largo de los años me han ayudado a perfeccionar mi pensamiento sobre cómo exactamente enseñar la Biblia de una manera refrescante, piadosa y eficaz. Les debo a ellos gratitud. También el equipo de Zondervan, para la versión original en inglés, merece mi agradecimiento por su paciencia y sabiduría al guiar este libro desde una loca idea hasta un proyecto publicable. Katya Covrett y Jesse Hillman son el viento bajo mis alas: usualmente cálidas corrientes térmicas que me elevan a lo más alto del cielo aunque, a veces, como un tornado, me hacen estrellar contra la tierra, en una caída en picado de fría realidad. Pero para ser justos, en su mayoría son corrientes térmicas cálidas. Un saludo también a Chris Beetham, por su buen ojo en la copia y la edición. Gracias también a Lynn y Jim Cohick, quienes me hospedaron en Denver, Colorado, durante una semana, en lo que resultó ser algo así como un retiro de escritura que me permitió terminar este libro. Mi colega Andy Judd le dio al manuscrito una buena lectura; recogió varios errores e hizo muchas sugerencias útiles que he incorporado.

Deseo dedicar este libro a mi esposa Naomi. Ahora estamos en nuestro vigésimo año de matrimonio, y espero tener muchos años más de diversión y felicidad con la única mujer en el mundo que me tolera y hace de mi vida todo lo mejor. ¡Esto es para ti, nena!

INTRODUCCIÓN A LA EDICIÓN EN INGLÉS

La Biblia es un libro grande, pero es una lectura fascinante. Es una mezcla de historia, literatura y teología. Contiene una variada colección de géneros, entre los que se incluyen historias de creación de Oriente Próximo, códigos legales de la Era de Bronce, narrativas históricas, poesía hebrea, literatura sapiencial, profecía, biografía greco-romana, historiografía griega antigua, cartas y un apocalipsis. La Biblia no es un simple libro; es una biblioteca de libros, muchos libros, que describen los orígenes del pueblo hebreo, la persona y la obra de Jesucristo y la expansión de la iglesia cristiana. Sin embargo, su personaje principal es Dios —el Dios que crea, que legisla, que rescata rebeldes, que se hace humano y que hace todas las cosas nuevas.[1]

Es más, no existe un libro que haya influenciado la política, la historia, el arte, la literatura, la música y la cultura de la civilización occidental tanto como la Biblia. Les aseguro que, a menos que tengan una compresión sólida de la Biblia, no podrán entender a Shakespeare, el arte de Miguel Ángel, la historia estadounidense, la música de Bach y Beethoven, el musical *Hamilton*, o incluso comedias de TV como *Los Simpson*. La Biblia es reflejada en distintas facetas de nuestra cultura, entre las que se incluyen la literatura, la música, el entretenimiento y la política. La Biblia se siente en todos lados, a pesar de que casi nunca respetada.

Con todo, la Biblia es un libro controversial. Recientemente en Australia, un grupo que se hace llamar Imparcialidad Religiosa para las Escuelas, realizó una petición al gobierno estatal para prohibir todos los cursos

---

1. D. A. Carson, *The God Who Is There: Finding Your Place in God's Story* (Grand Rapids: Baker, 2010).

relacionados con la Escritura y con la educación religiosa en el ámbito escolar —a pesar de que dichos cursos son voluntarios— debido a que el grupo considera que la Biblia es un libro deplorable. La Biblia es considerada contrabando por los gobiernos comunistas e islámicos de todo el mundo. Evidentemente, hay muchas personas que no quieren que el mensaje de la Biblia sea conocido y compartido. En algunos lugares, la Biblia es considerada literatura subversiva y una poderosa amenaza al *statu quo*. Si me preguntan, ¡esta es una razón más por la que deberíamos leerla!

Por supuesto, una cosa es leer la Biblia, otra cosa distinta es entenderla, y ¡otra cosa muy diferente es usarla de manera responsable! Para ser honesto, la Biblia es muy difícil de entender en ciertos lugares. Esto no se debe a que sea un libro de misterio, magia o violencia; sino debido a que contiene una historia distante a la nuestra, que fue escrita originalmente para una audiencia antigua en determinados contextos y que fue escrita para nosotros, pero no dirigida a nosotros. Si hemos de comprender la Biblia, lo que significó para su audiencia original y lo que significa para nosotros en la actualidad, entonces debemos atravesar algunos abismos históricos y aprender a interpretar las culturas antiguas así como nuestras propias culturas. Entender la Biblia es gratificante, pero implica trabajo —trabajo duro.

En este libro intento hacer un poco de este duro trabajo por ti y prepararte para comprender la Biblia como la palabra de Dios para ti y para tu iglesia. En el camino, evitaremos los estereotipos, las respuestas trilladas a preguntas difíciles y las consideraciones superficiales de problemas interpretativos. En cambio, quiero ayudarte a que ensucies tus manos en el mundo bíblico, sumerjas tu mente en el mundo extraño y desconocido de la historia bíblica, y presentarte los grandes asuntos que la Biblia presenta a quienes nos esforzamos por entenderla.

La primera cosa que quiero explorar es el origen de la Biblia. Tal vez tu Biblia preferida sea una aplicación en tu teléfono, un sitio web, un software bíblico, o un libro antiguo encuadernado en cuero, que contiene toda clase de ayudas para el lector. Independientemente de cómo accedas a tu Biblia, la Biblia que lees es producto de un largo proceso de composición, copiado, canonización y traducción ¡a lo largo de tres milenios! La Biblia tiene su propia biografía —su propia historia, podríamos decir— sobre cómo creció y llegó a ser. Aquí te daré una breve introducción sobre cómo la Biblia pasó de ser un conjunto de antiguos rollos religiosos, a ser el libro impreso que tienes en tus manos. Alerta de *spoiler*: la Biblia no fue un invento del emperador Constantino en el siglo cuarto.

La segunda cosa es que deberemos lidiar dos palabras con "I" mayúscula, concretamente, "inspiración" e "inerrancia". Deben estar preparados para esto, porque ¡va a ser un paseo agitado! En la jerga teológica, la "inspiración" es donde explicamos cómo la Biblia es tanto un libro dado por Dios como un libro escrito por humanos. Cómo es que es la palabra de Dios en lenguaje humano. Cómo Dios imparte, infunde o inspira sus palabras en autores humanos. Al explorar la inspiración bíblica, estamos buscando una descripción de los orígenes divinos de la Biblia y del proceso humano de composición. Así que, la inspiración bíblica está en nuestra lista de quehaceres. Luego, está la "inerrancia" o la "infalibilidad", que es un campo de discusión muy debatido. Si creemos que la Biblia es verdad, entonces ¿cómo es verdad? y ¿hasta qué punto es verdad? ¿Puede acaso la Biblia tener errores de historia, cosmología o geología? ¿Es acaso la Biblia solo irreprochable en cuestiones de religión y ética? Algunas personas dejan de lado la inerrancia como si se tratara de un disparate fundamentalista, y otros te dirán que la inerrancia es el centro de su universo teológico. Sin embargo, les digo que es necesario que declaremos la veracidad de la Biblia, y expliquemos la naturaleza y los límites de dicha veracidad.

En tercer lugar, sería descuidado de mi parte sino abordáramos el tópico de la autoridad bíblica. Asumiendo que la Biblia es la palabra inspirada de Dios y que ella es verdad —temas dignos de tener su propia explicación—, ¿de qué manera exactamente trabaja la palabra de Dios en nuestro diario vivir? ¿Acaso somos libres de escoger las partes que nos gustan como si se tratara de una suerte de bufé? ¿Debemos seguir servilmente cada precepto que ella contiene? o ¿la adhesión a la Biblia requiere una mezcla de afirmación (obedecer sus instrucciones) y apropiación (descifrar cómo implementar su sabiduría en un mundo distante del mundo de sus autores y audiencias originales)? No todos piensan que la Biblia es una autoridad, pero aquellos que sí lo pensamos, todavía debemos descifrar cómo funciona esa autoridad en la práctica. Y déjenme decirles que ¡esto no es tan sencillo! No es fácil mudarse desde Canaán a Chicago.

La cuarta cosa es que es importante que los cristianos comprendan el "aquel entonces" de la Biblia. Es correcto, la palabra de Dios es en muchas formas atemporal: habla a las personas a través de las edades; trasciende culturas, idiomas y nacionalidades. Es por esto que Dios se dirige a todas las personas con el mensaje de amor en Jesucristo. Pero, al mismo tiempo, debemos recordar que antes de que la Biblia fuera la palabra de Dios para nosotros, ella fue la palabra de Dios para otros: fue la palabra de Dios para los hebreos en Canaán, para los judíos exiliados en Babilonia, para los cristianos en los tugurios de Roma y para las iglesias perseguidas de Asia Menor. Somos tentados a pensar que la Biblia se trata de nosotros, de nuestro tiempo, y que halla su cumplimiento en nuestras circunstancias. Sin embargo, a pesar de que la Biblia siempre es relevante para nosotros, si queremos entenderla realmente, entonces debemos respetar el ambiente histórico original en el cual los libros de la Biblia fueron escritos. Conocer un poco del trasfondo histórico, ya sea de los libros de Jeremías o de las cartas de Pablo a los Filipenses, nos dará algunas de las mejores pistas para interpretarla en el presente. Por lo tanto, debemos aprender la importancia del trasfondo histórico.

La quinta cosa que deseo brindar a los lectores es una introducción básica a la interpretación de la Biblia. Si me preguntan, el gran problema no es que uno tome la Biblia "literalmente" o "simbólicamente", sino si acaso uno elige tomarla en serio o no. Si realmente somos serios respecto a la Biblia, si aspiramos a ser alguien que "interpreta rectamente la palabra de verdad" (2 Timoteo 2:15), entonces necesitamos aprender cómo leerla y cómo enseñar de ella de manera responsable. Todo cristiano necesita una introducción básica a los conceptos básicos de la hermenéutica —siendo la hermenéutica la ciencia de la interpretación. Prepárense para aprender a leer la Biblia sin convertirse en un chiflado con su propio culto y su propio carrito de golf.

La sexta cosa que debemos comprender son los propósitos clave de la Escritura —los cuales son, como explicaré, conocer a Dios, profundizar nuestra fe, crecer en el amor por Dios y en el amor por los demás, y descansar en la esperanza que Dios está de nuestro lado en Jesucristo. La Biblia nos equipa para conocer mejor a Dios, fomenta la fe en Dios y en su Hijo, edifica nuestra capacidad para amar, y nos consuela con la esperanza que es nuestra en el evangelio de Jesucristo. La Biblia ciertamente puede tener toda clase de funciones, usos, aplicaciones y bendiciones, pero sus principales funciones son el conocimiento, la fe, el amor y la esperanza. Si entiendes eso, entonces entiendes la Biblia.

La séptima y última cosa es la relación de Jesucristo con la Biblia. Cristo es el centro de nuestra fe y el centro mismo del cual testifica la Biblia. Entonces, como es de esperarse, pasaremos algún tiempo hablando sobre cómo leer la Biblia como si Jesús fuera su eje central y su meta. Lo que quedará claro es que la Sagrada Biblia es un libro que magnífica la persona de Jesús.

Esto es lo que tenemos por delante. Ojalá, al final de este recorrido, tengas una comprensión más profunda acerca del qué, cómo, y por qué de la Biblia.

1

LA BIBLIA NO CAYÓ DEL CIELO

Si estás leyendo este libro, entonces probablemente tengas una Biblia. Además, estoy seguro que estás al tanto de que tu Biblia no cayó del cielo, junto con un coro de ángeles, y se posó sobre tu regazo presentándose en un prístino encuadernado de cuero con las palabras de Jesús en rojo, teniendo una introducción, gráficos, tablas, referencias cruzadas y notas de estudio. No, obviamente así no es la manera en que llegó tu Biblia.

La verdad es que tu Biblia provino de una editorial. La editorial imprimió una traducción particular al español. Dicha traducción se basó en los esfuerzos de un grupo de traductores que trabajaron con ediciones críticas del Nuevo Testamento en griego y del Antiguo Testamento en hebreo y arameo. Estas ediciones críticas son publicaciones del texto del Antiguo y Nuevo Testamento en sus idiomas originales utilizando diversas fuentes tipográficas y divisiones de párrafos para hacerlos más fáciles de leer. Debemos notar aquí que el término "crítico" hace referencia a "erudición"; se trata de un esfuerzo erudito para establecer los textos en hebreo y en griego a partir del estudio de los múltiples manuscritos y fuentes disponibles. Las distintas ediciones críticas de los textos en griego y hebreo, que han sido desarrolladas desde el Renacimiento, se basaron en el estudio de varios manuscritos. Dichos manuscritos han sido gradualmente descubiertos, coleccionados y compilados a lo largo de los últimos dos mil años, y se encuentran guardados en distintos museos, bibliotecas y colecciones privadas en todo el mundo. Tanto fotografías, como microfilms y copias digitales de estos manuscritos se encuentran guardados en sitios como el Instituto para la Investigación del Texto del Nuevo Testamento en Münster, Alemania y el Centro para el Estudio de los Manuscritos del Nuevo Testamento en Dallas, Texas. Esos manuscritos datan del período que va desde la Edad Media hasta el siglo II d. C. y fueron copiados por escribas que se basaron en manuscritos anteriores. De hecho, estos manuscritos anteriores, eran copias de manuscritos incluso más antiguos, los cuales a su vez se remontan a un texto distribuido por los receptores originales. Finalmente, este texto distribuido por los receptores originales se basaba en el autógrafo original que fue compuesto por el autor ("autógrafo" equivale a la copia original del autor). Suena a que fue un proceso largo y complicado, ¿no es verdad? Bueno, así fue, y esto es lo que trataré de explicar en este capítulo. Ojalá que al final del mismo puedas entender cómo llegó la Biblia a ser lo que es.

LA HISTORIA DE LAS ESCRITURAS DEL ANTIGUO TESTAMENTO

Hay una historia graciosa acerca de una señora que entró en una tienda de caridad judía y pidió al vendedor una copia del Antiguo Testamento. El vendedor, un joven judío, sonriendo respondió, "Seguro, ¿qué tan antigua?". Verás, los amigos judíos solo tienen un Testamento y, obviamente, no necesitan referirse a él como "antiguo" para distinguirlo de la parte que es "nueva", como hacen los cristianos. El pueblo judío se refiere a su libro sagrado como **Tanak**, cuyo nombre se basa en las letras TNK que significan *Torá* (los cinco libros de Moisés, la Ley, conocido también como Pentateuco), *Nevi'im* (los profetas), y *Ketuvim* (los escritos, los cuales son una colección de libros históricos y poéticos). Los autores judíos que escribieron durante el período del Segundo Templo (incluyendo a los autores del Nuevo Testamento), que va desde el año 530 a. C. hasta el 70 d. C., podían referirse a los textos sagrados de Israel como "Escrituras" (ver, p. ej. Daniel 9:2; 1 Macabeos 12:21; 2 Macabeos 2:4; 4 Macabeos 18:14; Mateo 21:42; Romanos 1:2; 1 Pedro 2:6). Dentro de la literatura rabínica, escrita desde el primer siglo de la era cristiana hasta el cuarto siglo, los escritos sagrados judíos también son llamados "Las Sagradas Escrituras" o "El Libro del Pacto" (basándose en Éxodo 24:7; 2 Reyes 23:2, 21; 2 Crónicas 34:30-31). En el lenguaje académico, como una manera no cristianizada de designar la literatura sagrada de Israel, se suele llamar **Biblia hebrea** al **Antiguo Testamento**.

No están del todo claros los orígenes y la razón fundamental para esta estructura tripartita conformada por la Ley, los Profetas y los Escritos. Ciertamente, no se trata de una composición de orden cronológico dado que los libros que conforman los Profetas y los Escritos fueron compuestos a lo largo de varios siglos, mientras que otros fueron editados con el paso del tiempo y las comunidades judías los fueron aceptando de forma variada. Tal vez sea mejor considerar esta división en tres partes, como un agrupamiento basado en características literarias comunes: libros asociados a Moisés, obras proféticas y otros escritos. Esta división se remonta al primer siglo d. C., dado que, en el Evangelio de Lucas, el Jesús resucitado enseñó a los discípulos que "tenía que cumplirse todo lo que está escrito acerca de mí en la ley de Moisés, en los profetas y en los salmos" (Lucas 24:44), lo cual coincide con la división en tres partes: Torá, Profetas y Escritos. Incluso mucho antes, en el prólogo a Ben Sirá, compuesto cerca del año 117 a. C., podemos leer: "Muchas grandes enseñanzas han sido dadas a nosotros a través de la Ley y de los Profetas y los otros que los siguieron, y por esto deberíamos alabar a Israel por la instrucción y sabiduría" (Sirá 1:1).

¿SABÍAS QUE...?

- El Códice de Leningrado es la copia completa más antigua del Antiguo Testamento en hebreo original, fechado en el siglo XI de la era cristiana.
- La copia más antigua de un libro del Antiguo Testamento es el Gran Rollo de Isaías (1QIsa) de Qumran, fechado entre 350-100 a. C.
- Los tres libros más extensos del Antiguo Testamento son Jeremías (33 022 palabras), Génesis (32 046 palabras) y Salmos (30 147 palabras).

DIVISIONES DENTRO DEL ANTIGUO TESTAMENTO/BIBLIA HEBREA

Ley	Profetas	Escritos
Génesis	Josué	Salmos
Éxodo	Jueces	Proverbios
Levítico	1-2 Samuel	Job
Números	1-2 Reyes	Rut
Deuteronomio	Isaías	Eclesiastés
	Jeremías	Cantar de los Cantares
	Ezequiel	Lamentaciones
	El libro de los Doce Profetas	Daniel
		Ester
		Esdras-Nehemías
		1-2 Crónicas

La Ley

La Ley/Torá/Pentateuco —llamémosla simplemente "**Ley**"— se refiere a los primeros cinco libros del Antiguo Testamento. Ellos incluyen una narrativa histórica acerca de la creación (Génesis 1-3), la primera civilización humana en el antiguo Oriente Próximo (Génesis 4-11), los patriarcas y el nacimiento del pueblo hebreo (Génesis 12-50), el éxodo de los hebreos fuera de Egipto y su entrada en la tierra de Canaán (Éxodo, Números, Deuteronomio), al igual que regulaciones pertenecientes a la adoración de Israel y su forma de vivir bajo el cuidado de Dios (Levítico). Esta es una historia de las promesas de Dios, su liberación, sus pactos y sus mandamientos en relación con la nación de Israel. Puedes leer Deuteronomio 26:5-10 para una breve síntesis de la historia completa.[1]

Mientras que la Ley contiene una historia unificada que se enfoca en el plan de Dios de crear un pueblo para sí, hay también en ella una compleja diversidad. En ella encontramos historias de la creación provenientes del antiguo Oriente Próximo que son similares a otras narraciones acerca de la formación del mundo, narrativas históricas acerca de nómadas y reyes, diversos códigos legales, pactos nacionales e incluso poesía. El vocabulario varía a lo largo de todo el corpus, esto es algo particularmente evidente si comparamos los códigos de la ley en Deuteronomio con los de Levítico. En algunos casos, las narraciones adolecen de cohesión, como si la narrativa hubiera sido interrumpida por una inserción, como parece ser el caso del pasaje de Éxodo 20:1-17 (donde son dados los Diez Mandamientos), el cual se interpone con la narrativa de Éxodo 19:1-20, 21. También podemos encontrar duplicaciones, como si hubieran sido halladas dos versiones de una misma historia, como puede verse tanto en el caso de la historia de la creación (Génesis 1:1-2, 4a y 2:4b-24) como en los mandamientos acerca de los alimentos impuros (Levítico 11:1-47 y Deuteronomio 14:3-21). A pesar de que universalmente la Ley es considerada como el "Libro de Moisés" (ver Josué 23:6; Esdras 6:18; Nehemías 8:1; 13:1; Marcos 12:26; Hechos 13:39) y algo que Moisés mismo escribió (ver Éxodo 24:4; Deuteronomio 31:22; Marcos 12:19; Lucas 20:28; Juan 1:45), es realmente imposible que él haya sido quien escribiera *toda* la Ley. Para empezar, es difícil imaginar a Moisés sentándose a escribir el reporte de su muerte y su posterior entierro en Deuteronomio 34 o, en todo caso, la descripción de sí mismo como el hombre más humilde de la tierra como afirma Números 12:3. Además, existen claros indicios de que muchas de las narrativas patriarcales acerca de Abraham y de otros son contadas desde la perspectiva ventajosa de quienes vivían en la tierra de Israel en un período muy posterior. Por ejemplo, Génesis 14:14 declara que Abraham persiguió a los captores de Lot hasta

---

1. William S. Lasor, David A. Hubbard y Frederic W. Bush, *Old Testament Survey*, 2ª ed. (Grand Rapids: Eerdmans, 1996), 4.

Dan, aun cuando el área tribal israelita de Dan no se llamó así hasta después de que los danitas se apoderaron del territorio durante la conquista de Canaán por parte de Israel (ver Josué 19:47; Jueces 18:29).[2] Todo esto significa que la Ley es producto de una tradición oral —una mezcla de memoria cultural y folklore compartido entre los hebreos— que eventualmente se puso por escrito. En primer lugar, se le atribuye a Moisés un rol formativo en la composición, luego hubo un período de transmisión, crecimiento, y de edición de las tradiciones y de los textos, que probablemente fue completado por un grupo sacerdotal asociado a Esdras justo antes del regreso del exilio.

Los Profetas

En la Biblia cristiana, los **Profetas** son los libros que culminan el Antiguo Testamento, es decir, los que van desde Isaías hasta Malaquías. Sin embargo, teniendo en cuenta el orden característico que tienen los libros en la Biblia hebrea, los *profetas anteriores* están conformados por Josué, Jueces, 1-2 Samuel y 1-2 Reyes, mientras que los *profetas posteriores* están conformados por Isaías, Jeremías, Ezequiel y el libro de los Doce Profetas (profetas menores). Estas dos categorías de libros proféticos son muy distintas. La primera de ellas, la de los profetas anteriores, presenta narrativas históricas acerca de figuras proféticas como Samuel y Elías, mientras que la segunda categoría, la de los profetas posteriores, presenta libros que son especialmente atribuidos a los propios autores proféticos. Los profetas anteriores brindan al lector el trasfondo de la historia temprana de Israel y dan una perspectiva profética del ciclo de pecado-rebelión-liberación que vivía Israel, de la formación y fracaso de la monarquía, y de la división que eventualmente separó a Israel de Judá. Lo que brindan los profetas posteriores es una visión general del comportamiento de Israel que lo condujo a romper el pacto, de la amenaza de juicio por parte de Dios, y de su promesa de restaurar la nación desde el exilio, en medio del ascenso de los imperios de Asiria, Babilonia y Persia.

Como sucedió con la Ley, los mensajes proféticos a menudo pasaron por una compleja cadena de custodia antes de tomar finalmente la forma literaria con la cual los conocemos en la actualidad. Por un lado, la profetisa Hulda entregó su palabra profética de forma oral, pero parece que nunca llegó a cerrar un contrato para su libro (2 Reyes 22:14). Jeremías, en cambio, entregó algunos de sus mensajes de forma escrita desde el principio

---

2. Lasor, Hubbard y Bush, *Old Testament Survey*, 6–9.

(Jeremías 30:2). Pareciera que desde el siglo VIII a. C., las personas comenzaron a reunir y editar el trabajo de ciertos profetas para el beneficio de las posteriores generaciones agregando, frecuentemente, material histórico para situar el contexto (ej. Jeremías 1:1). Así que, cuando pienses acerca de quién escribió la literatura profética, deberías imaginarte un equipo completo —profetas, escribas, historiadores y editores en las diferentes etapas de la historia de Israel.[3]

Los Escritos

El subconjunto de libros del Antiguo Testamento denominado **Escritos** constituye una colección miscelánea y algo diversa de documentos. En primer lugar, contiene *literatura sapiencial*, escritos que afirman discernir la providencia y los propósitos de Dios para la vida humana, entre ellos se incluyen Job, los Salmos y los Proverbios. En segundo lugar, se encuentran los *rollos* (llamados Megillot en hebreo), compuestos por Cantar de los Cantares, Rut, Lamentaciones, Eclesiastés y Ester. En tercer lugar, están las *historias* (dispuestas en forma de Crónicas), las cuales revisitan la historia de la monarquía israelita desde una perspectiva posterior al exilio. Esdras-Nehemías también se encuentra en este conjunto de *historias*, y se interesan en la reconstrucción del templo y en distintas pruebas que atravesó el pueblo durante el período postexílico. En cuarto lugar, se encuentra Daniel, cuyo contenido es una mezcla de historias de la corte, profecía y visiones simbólicas relacionadas con el pueblo de Dios durante el exilio Babilónico. Este libro explica, además, el regreso del pueblo de Dios a su tierra bajo el dominio persa, y predice la conquista griega del antiguo Oriente Próximo.

El canon del Antiguo Testamento

Cuando se trata del **canon del Antiguo Testamento,** lo primero que necesitamos hacer es definir a qué nos referimos con "canon". La palabra griega *ḳanōn* y la palabra latina *canna* se traducen como "vara de medir", lo cual significa señalar lo que es exacto o lo que es recto. En lo que respecta a textos sagrados, el "canon" señala y define aquellos textos que son considerados como inspirados divinamente y que están autorizados para ser utilizados en la comunidad creyente. Mientras que la *Escritura* es un libro sagrado y autoritativo, un *canon* es una lista sagrada y autoritativa

---

3. Nota del autor: agradezco a Andrew Judd por este párrafo.

de libros.[4] Déjame agregar que es importante recordar que un canon no convierte a los libros en autoritativos; en cambio, reconoce *formalmente* lo que era intuido *informalmente* en la comunidad creyente: un libro determinado es autoritativo debido a que es percibido como dado por Dios y entregado a través de un agente humano. Así, por ejemplo, el mensaje de Jeremías es palabra de Dios, ya sea que escojamos encuadernarlo en un libro con tapa de cuero premium que lleve en su portada la frase impresa "Santa Biblia", o que hagamos como Joacim y quememos el rollo de Jeremías columna por columna porque no nos gusta lo que dice (Jeremías 36:23).

En cierto sentido, el movimiento cristiano tuvo un canon de la Escritura desde sus inicios, incluso antes de los escritos de cualquier texto apostólico. Jesús y sus seguidores terrenales ya tenían una colección de escritos sagrados. Todos ellos eran judíos, y todos aceptaban completamente la autoridad de los libros que llegaron a estar incluidos en lo que cristianos posteriores llamarían el "Antiguo Testamento".

—Bart D. Ehrman, *Lost Christianities: The Battle for Scripture and the Faiths That We Never Knew* (Oxford: Oxford University Press, 2005), 231–32.

El proceso de canonización es complicado pues, en ningún lado, ningún libro de la Biblia nos dice qué libros deberían estar en ella. No existe algo así como "Tendréis como canon desde Génesis hasta Apocalipsis y rechazaréis los libros llamados 1 Enoc, el Evangelio de Pedro y Hechos de Andrés", o algo que se le parezca. Debido a esto, diferentes cánones bíblicos, que fueron desarrollados a lo largo de siglos, continúan siendo usados por diferentes comunidades religiosas de todo el mundo.

Por ejemplo, los **samaritanos** —aún hoy hay un pequeño grupo de ellos en Palestina— solo reconocen la Ley como autoritativa. Los **judíos** tienen el Tanak, el cual corresponde al Antiguo Testamento cristiano. Sin embargo, cuando se trata de la interpretación del Tanak, la tradición judía sigue de cerca el cuerpo de enseñanzas contenidos en la Mishná y el Talmud, una colección de tradiciones orales basadas en las enseñanzas de líderes rabínicos reconocidos que eventualmente fueron escritas. Los **cristianos** reconocen como canon al Tanak judío, pero lo dividen de forma distinta y lo llaman "Antiguo Testamento". Ellos admiten además que los

---

4. Bruce M. Metzger, *The Canon of the New Testament: Its Origin, Development and Significance* (Oxford: Clarendon, 2009), 283.

veintisiete libros del Nuevo Testamento son el cumplimiento del Antiguo Testamento.

Cuando se trata de la canonización del Tanak/Antiguo Testamento, no tenemos en nuestro poder todos los detalles, sin embargo, parecería que sucedió algo como esto.

En primer lugar, basándonos en las citas del Tanak/Antiguo Testamento en la literatura cristiana y judía de los primeros siglos a. C. y d. C., claramente la Ley de Moisés era común a todos los grupos judíos, y tenemos la impresión de que muchos de los libros y escritos proféticos también eran muy populares. Los eruditos, frecuentemente, consideran que la Biblia hebrea fue extraoficialmente codificada durante el período Hasmoneano (ca. 140-40 a. C.), un breve período en el que Judea fue independiente del dominio extranjero. Esto quiere decir que ningún concilio declaró oficialmente que estos libros conformaran el "canon", sin embargo, estos libros, que parecían abarcar la colección de literatura sagrada judía, fueron establecidos por la práctica común y el consenso general, incluso a pesar de que entre ellos había algunas áreas difusas.

En segundo lugar, una prueba de esto es que todo el Tanak/Antiguo Testamento, excepto Ester, aparece entre los Rollos del mar Muerto, una colección de textos antiguos hallados en Qumran cerca del mar Muerto, y que pueden ser datados con toda seguridad como anteriores al año 70 d. C. Dicho esto, es necesario indicar que los sectarios de Qumran, que copiaron y guardaron los rollos, también se tomaron la libertad de componer sus propios escritos a los cuales también le asignaron el carácter de autoritativos. Entre ellos podemos encontrar reglas comunitarias, comentarios bíblicos y obras apocalípticas. Los rollos de Qumran son evidencia del emergente consenso respecto a los libros del Tanak/Antiguo Testamento, pero también nos muestra que el canon judío estaba lejos de estar definido.

En tercer lugar, la lista más temprana de los libros que constituyen el Tanak/Antiguo Testamento proviene de Josefo (historiador judío), que escribió durante los años 90 d. C.[5] Josefo hace referencia a veintidós libros que fueron reverenciados por los judíos. Entre estos libros se incluyen los cinco Libros de Moisés (Génesis, Éxodo, Levítico, Números y Deuteronomio), cuatro libros de "himnos" o "reglas para la vida" (Salmos, Proverbios, Eclesiastés y Cantar de Cantares) luego, presumiblemente, los libros e historias proféticas, aunque sin mencionar precisamente a cuáles se refería. Su lista de veintidós libros es más corta que el estándar de veinticuatro libros

---

5. Josephus, *Contra Apion* 1.37–42.

del Tanak/Antiguo Testamento. Esto puede deberse a que, o bien omitió un par de ellos, como Rut y Ester, o bien combinó Jeremías y Lamentaciones, Esdras y Nehemías, o Rut y Jueces. Casi al mismo tiempo, en el libro llamado 4 Esdras, una obra apocalíptica escrita después del 70 d. C., hallamos una referencia a "veinticuatro libros" que conforman las escrituras judías.[6]

En cuarto lugar, los cristianos, en gran parte, heredaron el Tanak/Antiguo Testamento de su herencia judía como seguidores de Jesús. Sin embargo, la iglesia prefería ampliamente la "Septuaginta"; nombre que se le da a una familia de traducciones griegas del Antiguo Testamento. Los textos de la Septuaginta a veces diferían en su fraseología de los textos hebreos (algo muy notorio en lugares como Jeremías). Además, muchos escritos de los "Apócrifos" (veremos más acerca de esto), como Tobit y Judit, los cuales no aparecen en la Biblia hebrea, sí lo hacen en versiones cristianas del Antiguo Testamento griego. No fue sino hasta el siglo quinto, con Jerónimo, que los cristianos se esforzaron en acercar sus Biblias latinas al lineamiento del canon y al texto hebreo. A partir de entonces, en lugar de confiar en la Septuaginta para el Antiguo Testamento, como se solía hacer, se comenzó a traducir directamente desde el texto hebreo.

¿QUÉ ES LA SEPTUAGINTA?

La Septuaginta es un documento fascinante que forma parte de nuestra herencia cristiana, incluso si somos cristianos protestantes. La Septuaginta es una antigua traducción de la Biblia hebrea al griego. Se piensa que comenzó a producirse cerca de dos y medio a tres siglos antes del nacimiento de Cristo, en Alejandría, Egipto. La primera parte del proyecto era producir una traducción del Pentateuco. Probablemente, se trató de la primera gran traducción de un idioma a otro que ocurrió en el mundo. Por tanto, mientras otros libros del Antiguo Testamento eran traducidos al griego, por extensión, también comenzaron a ser llamados la Septuaginta. Ahora bien, la palabra Septuaginta se deriva de la palabra latina para el número 70, septuaginta. La razón para esto es la tradición de que el Pentateuco fue traducido originalmente por 70, o tal vez 72, traductores. Ambos números son encontrados en las historias tradicionales que hablan de cómo fue realizada la traducción.

—Karen Jobes, entrevista con Timothy George, Beeson Divinity Podcast, episodio 321, enero 3, 2017.

---

6. 4 Esdras 14:45.

¿QUE SON LOS APÓCRIFOS?

Los denominados apócrifos, del griego *apokryphos,* que significa "ocultos", se refieren a un grupo de libros escritos por autores judíos, que eran ampliamente leídos por cristianos y judíos, pero cuya autoría u orígenes eran cuestionables o dudosos. Esta es la razón por la cual los judíos los omitieron de su canon y los cristianos les asignaron una importancia secundaria.

A pesar de que los apócrifos han sido leídos y estudiados a lo largo de toda la historia de la iglesia, las iglesias cristianas difieren entre sí acerca de la reputación y extensión de los mismos.

En cuanto a la reputación y el orden de estos libros en la Biblia, los **protestantes** los llaman "Apócrifos" y comúnmente los colocan entre el Antiguo y el Nuevo Testamento, al menos esto es así en la Biblia Tyndale-Matthews, la Gran Biblia, la Biblia de los Obispos, la Biblia de Ginebra y la Biblia del Rey Jacobo (KJV). Un dato curioso es que la Versión del Rey Jacobo (KJV) incluía originalmente el Antiguo Testamento, el Nuevo Testamento y los apócrifos, y no fue sino hasta la década de 1880 que las sociedades bíblicas comenzaron a omitir los apócrifos de las impresiones de la KJV. Incluso en la actualidad, muchas Biblias, como la Versión Estándar Inglesa (ESV) y la Biblia en Inglés Común (CEB), incluyen a los apócrifos en algunas de sus impresiones. La lectura de los apócrifos fue alentada por denominaciones protestantes, no porque deban ser usados en la predicación o en el establecimiento de las doctrinas cristianas, sino porque "fueron recibidos para ser leídos con el fin de promover y fomentar el conocimiento de la historia y para la instrucción de costumbres piadosas" (Biblia de Ginebra) y para "la instrucción en la vida y las costumbres" (Anglicano 39 Artículos). En contraste, los **católicos** los reconocen como "deuterocanónicos", una colección canónica secundaria, por lo que estos libros no solo son considerados como útiles, sino también como dados por Dios y autoritativos. La **Iglesia ortodoxa griega** reconoce el Antiguo Testamento y los apócrifos, pero no los divide en estas dos categorías, sino que los considera como *anagignoskomena*, esto es "libros para ser leídos".

Para hacer las cosas incluso más confusas, existen desacuerdos acerca de qué libros deberían estar en los apócrifos. Desafortunadamente, los *apócrifos* protestantes, los deuterocanónicos católicos y los *anagignoskomena* ortodoxos griegos no todos contienen el mismo conjunto de libros. Si esto no es lo suficientemente complicado, ten en cuenta lo siguiente: la **Biblia eslava**, un antepasado de la Versión Sinodal Rusa (la Biblia ortodoxa rusa estándar), contiene leves variaciones de la Biblia ortodoxa griega en términos de qué libros apócrifos incluye. Un tanto más exótica, la **Iglesia ortodoxa etíope** incluye en su Antiguo Testamento el canon Hebreo completo y los apócrifos, pero también agrega los "escritos pseudoepigráficos" (textos atribuidos de manera falsa o ficticia a personajes antiguos) tales como Jubileos, 1 Enoc y 4 Baruc, aunque rechaza libros como 1 y 2 Macabeos. El Nuevo Testamento etíope incluye los veintisiete libros estándar, pero agrega muchos otros libros relacionados con el orden de la iglesia, tales como *Didascalia* y el *Libro del Pacto*, dándoles un canon de veintisiete libros en total. Así que, cuando alguien te habla acerca *del canon bíblico*, deberías preguntar, además, a cuál de ellos se refiere.

DIVERSAS OPINIONES ACERCA DE LOS APÓCRIFOS

- Negativas – Según la Confesión de fe de Westminster 1.3 (1647): "Los libros comúnmente conocidos como los apócrifos, no siendo de inspiración divina, no forman parte del canon de la Escritura y, por lo tanto, no tienen autoridad en la Iglesia de Dios, ni para ser aprobados o usados más que cualquier otro escrito humano".
- Positivas – De acuerdo con el catecismo anglicano de las Iglesias Anglicanas de Norteamérica (2020):

  Los catorce libros que componen los apócrifos, reconocidos históricamente por esta iglesia, son escritos judíos precristianos que proveen contexto para el Nuevo Testamento y están incluidos en muchas ediciones de la Biblia. Estos libros pueden ser leídos como ejemplos de una vida fiel, pero "no para establecer doctrina" (citando el artículo 3 de los *Treinta y nueve artículos de la religión*).[7]

LIBROS APÓCRIFOS EN LOS DISTINTOS CÁNONES

	Biblia católica romana (Vulgata)	Biblia ortodoxa griega	Biblia eslava
La Oración de Manasés		•	•
1 Esdras (#)		•	•
2 Esdras	*		
Agregados a Ester	•	•	•
Tobit	•	•	•

---

7. J. I. Packer y Joel Scandrett, *To Be a Christian: An Anglican Catechism* (Wheaton, IL: Crossway, 2020), 35.

Judit	•	•	•
1 Macabeos	•	•	•
2 Macabeos	•	•	•
3 Macabeos		•	•
4 Macabeos		*	
Salmo 151		•	•
Sabiduría de Salomón	•	•	•
Eclesiástico / Sirac	•	•	•
Baruc	•	•	•
Carta de Jeremías	•	•	•
Agregados a Daniel	•	•	•
Susana	•	•	•

(#) Los libros que llevan el nombre de "Esdras" son muy, muy confusos. Pueden referirse a (1) Esdras del Antiguo Testamento; (2) Nehemías del Antiguo Testamento; (3) una combinación de Esdras y Nehemías del Antiguo Testamento; (4) una paráfrasis griega de 2 Crónicas 35-36 haciendo de prólogo a todo el libro de Esdras con Nehemías 7:73–8:12, junto con una historia acerca de los guardaespaldas de Darío (1 Esdras arriba); y (5) una obra apocalíptica existente en latín (2 Esdras arriba).

(*) Aparece en el apéndice de esta Biblia.

Déjame ser claro: ¡los cristianos deberían leer los apócrifos! Si quieres comprender el período histórico entre Malaquías y Mateo, entonces deberías esforzarte en leer la historia, la literatura sapiencial y las esperanzas apocalípticas que contiene este conjunto de libros. Los libros que solemos llamar "apócrifos" fueron ampliamente leídos y usados por los cristianos de los primeros siglos y solo a lo largo del tiempo fueron siendo removidos del Antiguo y Nuevo Testamento. Los apócrifos nos brindan un vistazo del mundo del judaísmo del Segundo Templo y del trasfondo del período del Nuevo Testamento. Así que *tolle lege*, ¡toma y lee!

LA HISTORIA DE LAS ESCRITURAS DEL NUEVO TESTAMENTO

El Nuevo Testamento es el testimonio de Jesús que dieron los apóstoles: quién fue, qué hizo, por qué murió, cómo fue resucitado de entre los muertos y exaltado a la diestra del Padre. El Nuevo Testamento contiene una diversidad de autores y géneros, pero si debiéramos asignarle un solo tema a su contenido, este sería: Dios está en Cristo, reconciliando al mundo consigo mismo. El Dios de la creación, el Dios de Israel, se dio a conocer en la persona y obra de Jesús de Nazaret. Y este Jesús, a quien los Romanos crucificaron, es Señor y Mesías. Él murió por nuestros pecados y fue resucitado para reconciliarnos con Dios, y la salvación es hallada poniendo la fe en él.

¿SABÍAS QUE...?

- El Códice Vaticanus, datado en el siglo cuarto, es la copia completa más antigua del Nuevo Testamento en griego. Puede verse en línea gracias al Centro para el Estudio de los Manuscritos del Nuevo Testamento. http://www.csntm.org/Manuscript/View/GA_03.
- El fragmento más antiguo del Nuevo Testamento griego es el Papiro John Rylands (P52), datado en el 125-175 d. C., el cual contiene líneas de Juan 18:31-33, 37-38.
- El Evangelio de Lucas es el libro más extenso del Nuevo Testamento (19 482 palabras).

Evangelios y Hechos

Los cuatro primeros libros del Nuevo Testamento son los **Evangelios,** que cuentan la historia de la vida de Jesús, su muerte y su resurrección. Mateo es el primer Evangelio, un libro que enfatiza cómo Jesús cumple el Antiguo Testamento y lo presenta como el tan esperado Hijo de David. El Evangelio de Marcos es el siguiente, más corto que el de Mateo, pero lleno de un estilo dramático. Marcos subraya cómo Jesús es el Mesías —no a pesar de la cruz, sino precisamente debido a ella, el Crucificado es el rey de Israel. El Evangelio de Lucas es tal vez el más elegante de los Evangelios, escrito en buena prosa griega, y teniendo el ojo de un historiador para los detalles. Lucas enfatiza la naturaleza profética del ministerio de Jesús y destaca su interés por los pobres y los marginados. Por último, tenemos el Evangelio de Juan, que nos cuenta la misma historia, pero con una textura distinta y con detalles diferentes en mente. Juan ha sido considerado desde largo tiempo como el "evangelio espiritual", contándonos la historia de Jesús desde una distintiva tónica espiritual.

No deberíamos olvidar el **Libro de los Hechos,** la secuela del Evangelio de Lucas, el cual traza los comienzos de la iglesia desde el día de Pentecostés en Jerusalén hasta el arribo de Pablo a Roma. Hechos es una de nuestras fuentes clave acerca de la iglesia primitiva y de la expansión del cristianismo hacia el este del Mediterráneo. También se centra en los ministerios apostólicos de Pedro y Pablo y nos brinda información muy necesaria acerca de sus esfuerzos misioneros. Hechos es, sin embargo, principalmente, una obra apologética que trata de exonerar a la iglesia primitiva del cargo de que esta no era más que un grupo de agitadores que provocaban a los judíos y constituían una amenaza para el orden romano.

Los Evangelios provienen de una mezcla de tradiciones orales y escritas, provenientes de la primera generación de testigos oculares de Jesús. Dichas tradiciones fueron compiladas por evangelistas en sus respectivos Evangelios (ver Lucas 1:1-4). El Evangelio de Marcos fue probablemente el primero en ser compuesto, cerca del año 70 d. C. en Roma, según indica la tradición, con Juan Marcos actuando como transcriptor de las memorias de Pedro acerca de Jesús. Lucas y Mateo generalmente son fechados cerca del 80-90 d. C. Ambos incorporan la mayoría de Marcos en sus Evangelios, utilizándolo como una suerte de plantilla, pero expanden significativamente el esquema de Marcos proveyendo material adicional. Además, cuentan con material propio que se superpone, como por ejemplo el Sermón del Monte (Mateo 5-7) y el Sermón de la Planicie (Lucas 6), ya sea porque compartían una fuente en común o tal vez porque Lucas usó Mateo o viceversa. Se cree que el Evangelio de Juan sigue a Marcos en su esquema, pero no en su contenido, pues Juan tiene su propia tradición independiente, la cual está relacionada con la figura misteriosa del "Discípulo Amado", a quien la tradición identifica como el apóstol Juan. El Evangelio de Juan contiene una mezcla de memoria y de misterio acerca de Jesús, y ofrece una línea interpretativa más amplia que está más interesada en el significado de Jesús que en simplemente relatar hechos manifiestos. Juan es el evangelista que quiere que veamos en Jesús el mismísimo rostro del Dios de Israel.

Las Cartas de Pablo

Pablo fue el apóstol a los judíos y a los gentiles del este del Mediterráneo, el antiguo perseguidor convertido en proclamador, que puso al mundo de cabeza al establecer gran cantidad de iglesias domésticas no judías a lo largo de Siria, Asia Menor y Grecia. Pablo experimentaba oposición dondequiera que iba. Evidentemente, a los judíos no les gustaba mucho que Pablo les dijera que todas las promesas bíblicas habían sido cumplidas en un hombre crucificado. Lo mismo sucedía con los romanos, a quienes tampoco les gustaba que Pablo les dijera que Jesús era el verdadero Señor del mundo y no el César. A pesar de todo, Pablo, especialmente a través de sus cartas, formó a la iglesia como ninguna otra figura de la era apostólica.

Existen trece **cartas** (o **epístolas**) atribuidas a Pablo y a sus colaboradores, fechables cerca del 48-65 d. C., dependiendo de cómo se realice la correlación entre las cartas de Pablo y el Libro de los Hechos. Muchos eruditos piensan que Pablo puede que no haya escrito 1 y 2 Timoteo, Tito, 2 Tesalonicenses, Colosenses y Efesios debido a que tanto el estilo como el lenguaje de estos escritos son diferentes de las otras cartas que son indiscutiblemente paulinas. Puede que esto sea cierto; tal vez estas cartas fueran escritas por una escuela Paulina en las décadas siguientes a la muerte de Pablo, algo así como admiración por imitación. Sin embargo, estas diferencias de estilo se pueden explicar ya sea porque Pablo usó un secretario, por la influencia de los colaboradores del apóstol o incluso por el ánimo de Pablo a la hora de escribirlas (recordemos que el mismo Shakespeare, que escribió el brillante *Hamlet,* también escribió la obra banal *Titus Andronicus*).

En términos de contenido, podemos ver en estas cartas que Pablo lidió con muchas controversias presentes en las distintas iglesias que tanto él como otros fundaron. El apóstol tuvo que dar respuesta a diversos comportamientos inmorales, a ciertas diferencias de opinión acerca de cuánto de la Torá se debía obedecer, a problemas financieros, como la colecta para la empobrecida iglesia de Jerusalén, e incluso debió lidiar con intrusos que trataron de marginarlo e interferir en su accionar. También aconsejó a los creyentes acerca de cómo evitar volverse como el mundo pagano que los rodeaba. En otras ocasiones, Pablo discutió vehementemente con otros apóstoles, teniendo grandes desacuerdos con ellos, principalmente acerca de si los gentiles debían convertirse al judaísmo para ser cristianos. La respuesta de Pablo a ese asunto fue un no rotundo: los gentiles no deberían ni deben convertirse al judaísmo mediante la circuncisión, pues eso significaría que el Mesías murió en vano (Gálatas 2:21). Solo la fe es suficiente para salvar e incorporar a los gentiles a la iglesia.

Las Cartas católicas y el Libro de Apocalipsis

Las **Cartas católicas** (o **Epístolas generales**) consisten de varios escritos que tratan con asuntos teológicos y pastorales. La carta a los Hebreos es un sermón retóricamente rico que básicamente insta a sus lectores a no regresar al judaísmo debido a que lo que tienen en Jesús es mucho mejor. A pesar de que muchos aún piensan que Pablo escribió esta carta, la única cosa de la que podemos estar seguros acerca de ella es que el apóstol no la escribió, aunque es posible que su autor haya sido un simpatizante Paulino. A menudo se piensa que fue compuesta en Roma a finales de los años 50 o principios de los 60 d. C. en las vísperas de la persecución de Nerón (aunque algunos la fechan mucho después). La carta de Santiago podría ser el escrito más antiguo del Nuevo Testamento. Puede que haya sido escrita a mediados de los años 40 d. C. (Santiago fue martirizado en el año 62 d. C.). Fue escrita para las sinagogas cristianas en las regiones rurales de Galilea y Siria, con el fin de comunicarles varias instrucciones éticas, además de lidiar con una distorsión de la enseñanza de Pablo acerca de la justificación por fe. Otros eruditos, en cambio, la consideran una colección de diversas enseñanzas sintetizadas en un sermón, que tal vez pertenecían a Santiago, pero que fueron compiladas y distribuidas a las iglesias mucho tiempo después. Primera de Pedro fue escrita desde Roma por el apóstol Pedro y dirigida a las iglesias de Asia Menor (es decir, la actual Turquía), instándolos a contender por la fe en medio de las circunstancias adversas. La carta de Judas fue escrita por otro pariente de Jesús y en ella se insta a los lectores a evitar los falsos maestros y perseverar en la santísima fe. Segunda de Pedro es básicamente un tratado teológico contra las herejías, donde además se exhorta a no abandonar la esperanza en el regreso de Cristo. En estilo es muy distinta a 1 Pedro, en cuanto a su contenido, incorpora en el capítulo 2 toda la epístola de Judas, contiene una posible alusión al Evangelio de Mateo, parece estar al tanto de una colección de cartas paulinas que son ampliamente reconocidas como "Escritura" y, Orígenes, en el siglo tercero, fue la primera persona en citarla. Debido a esto, muchos eruditos piensan que Pedro no escribió 2 Pedro, en cambio, piensan que se trata de una suerte de "ficción transparente" tal vez tratando de mostrar lo que Pedro diría si estuviera con nosotros hoy.[8] Los expertos la fechan en algún lugar del período comprendido entre los años 65 y 200 d. C. Las cartas de Juan fueron dirigidas a una red de iglesias en las cercanías de Éfeso a finales del primer siglo y fueron escritas por el Anciano Juan, que muy posiblemente se trataba del apóstol Juan (aunque no podemos asegurarlo con certeza). En su primera carta, Juan insta a los creyentes a seguir el mandamiento de amor dado por Jesús y a separarse de aquellos que mantienen la herejía del docetismo (la cual aseguraba que Jesús no había venido en cuerpo físico) y a resistir a aquellos que negaban que Jesús fuese el Mesías (tal vez refiriéndose a cristianos judíos que abandonaron el cristianismo y regresaron al judaísmo no mesiánico). En su segunda carta, Juan advierte acerca de los engañadores y del anticristo a "la señora elegida y a sus hijos", probablemente un título simbólico para los líderes y laicos de una iglesia hermana. En su tercera carta, Juan escribe a Gayo, advirtiéndole acerca de Diótrefes y elogiando a Demetrio.

---

8. Richard Bauckham, *Jude, 2 Peter*, Word Biblical Commentary 50 (Waco, TX: Word, 1983), 134.

Esto nos conduce finalmente al **Libro de Apocalipsis,** también conocido como **Apocalipsis de Juan.** El libro es una mezcla de carta, profecía y simbolismo apocalíptico. En la isla de Patmos, Juan el Vidente (no necesariamente el mismo apóstol Juan, el Anciano Juan de las epístolas o Juan el evangelista, el cual es responsable por el Evangelio de Juan) tuvo una visión acerca del presente, del futuro cercano y del futuro distante. Apocalipsis contiene cartas a las siete iglesias de Asia Menor en la región occidental de la actual Turquía (Apocalipsis 1-3), una visión de la adoración celestial y la comisión de Cristo de redimir a su pueblo (Apocalipsis 4-5), una profecía acerca del futuro cargada de símbolos y que incluye la derrota del Imperio Romano y de todos los enemigos de Dios (Apocalipsis 6:1–19:10), el regreso de Cristo (Apocalipsis 19:11–20:15) y la consumación de los cielos nuevos y la tierra nueva (Apocalipsis 21-22). La trama es bastante sencilla: Dios gana, el Cordero triunfa y la iglesia reina con Cristo para siempre.

El canon del Nuevo Testamento

Muy similar a lo que sucedió con la canonización del Antiguo Testamento, las personas que reunieron estos libros cristianos los copiaron, los compartieron y los usaron en la adoración y la predicación. Estaban convencidos que estos libros contenían las palabras de Jesús, tenían autoridad apostólica y que, en cierta forma, habían sido dados por Dios. Cuando algunas personas comenzaron a realizar listas acerca de qué libros debían ser tenidos en cuenta por los cristianos, no estaban tratando de convertir en Escritura ciertos libros basándose en sus caprichos. En cambio, las primeras listas de libros recomendados y rechazados buscaban reconocer la autoridad de los libros que ya estaban ordenando obediencia a las iglesias fieles en toda Europa, África y Oriente Medio.

La consolidación del **canon del Nuevo Testamento** fue un proceso gradual que ocurrió mientras las iglesias acordaban la lista definitiva de escritos cristianos. Nadie iba caminando por ahí con un inspirómetro para ver qué libros generaban una mayor lectura del instrumento. La iglesia del segundo siglo usaba las Escrituras judías (generalmente la Septuaginta), las palabras de Jesús (ya sea en su tradición oral, los Evangelios, o incluso en otros escritos) y las instrucciones apostólicas (especialmente las de Pedro, Pablo y Juan). Para mediados del segundo siglo, ya eran muy valorados y ampliamente usados tanto los cuatro Evangelios como una colección de cartas paulinas. Estos escritos primarios fueron los que utilizaron tanto los padres apostólicos como los primeros apologistas cristianos, a pesar de que existían otros escritos que también eran usados por los cristianos.

Atanasio fue un obispo de Alejandría, Egipto, durante el siglo cuatro d. C., que en su trigésimo novena carta festiva (367 d. C.), escribió a sus iglesias acerca del canon bíblico:

"Hay entonces, del Antiguo Testamento, veintidós libros en número; por lo que he oído, se ha transmitido que es el número de cartas entre los hebreos; sus nombres y orden respectivo son los siguientes. El primero es Génesis, luego Éxodo, el siguiente Levítico, luego de ese Números, y luego Deuteronomio. Siguiendo a estos está Josué, hijo de Nun, luego Jueces, luego Rut. Y otra vez, luego de estos, cuatro libros de Reyes, el primero y segundo siendo contados como un solo libro, y de la misma forma el tercero y cuarto como un libro. Nuevamente, el primero y segundo de Crónicas son contados como un libro. De igual manera, Esdras, el primero y segundo son similarmente un libro. Luego de estos está el Libro de los Salmos, luego los Proverbios, y siguiendo Eclesiastés y Cantar de los Cantares. Job viene luego, después los Profetas, los doce siendo contados como un libro. Luego Isaías, un libro, siguiendo Jeremías con Baruc, Lamentaciones, y la epístola, un libro; luego, Ezequiel y Daniel, cada uno un libro. Esto hasta aquí constituye el Antiguo Testamento. Nuevamente, no es tedioso hablar de los libros del Nuevo Testamento. Estos son, los cuatro Evangelios, según Mateo, Marcos, Lucas y Juan. Después, los Hechos de los Apóstoles y Epístolas (llamadas católicas), siendo ellas siete, de Santiago, uno; de Pedro, dos; de Juan, tres; después de estas, una de Judas. Además, hay catorce epístolas de Pablo, escritas en este orden. La primera, a los Romanos; luego dos a los Corintios; después, a los Gálatas; siguiendo, a los Efesios; luego a los Filipenses; después a los Colosenses; luego de estas, dos a los Tesalonicenses, y aquella a los Hebreos y, nuevamente, dos a Timoteo; una a Tito; y por último, aquella a Filemón. Y, además, el Apocalipsis de Juan".[9]

Luego, para fines del segundo siglo, surgió la necesidad de proveer una lista autoritativa de libros sagrados para uso cristiano como consecuencia de los grupos cristianos "heréticos" que estaban editando gran cantidad de escritos apostólicos o componiendo su propia literatura (entre ellos se encontraban grupos tales como los Ebionitas, Marcionistas, Valentinianos y Setianos, cada uno de los cuales tenía su propia revisión de los textos del

---

9. *Nicene and Post-Nicene Fathers*, Second Series, 14 vols., ed. Philip Schaff y Henry Wace (repr., Edinburgh: T&T Clark, 1991), 4:552.

Nuevo Testamento, con ideas variadas acerca de la fe cristiana, y nuevos escritos que explicaban sus característicos puntos de vista). Algunas listas tempranas de textos cristianos autoritativos —el canon Muratoriano y prólogos antimarcionistas— fueron escritas probablemente durante este período, y registran los libros que generalmente eran aceptados en las iglesias y de los cuales se pensaba habían sido compuestos dentro del círculo de los apóstoles. En los siglos siguientes, muchas listas de libros autorizados fueron propuestos, sin embargo, entre los libros que tuvieron circulación inmediata estaban incluidos los cuatro Evangelios, trece o catorce cartas de Pablo (Hebreos solía incluirse en el corpus Paulino), 1 Pedro y 1 Juan. En términos generales, Hebreos, Santiago, Judas, 2 Pedro, 2 y 3 Juan y Apocalipsis eran aceptados por muchas iglesias, aunque aún eran discutidos en algunas de ellas.[10] Las razones por las que estos libros eran discutidos se basaban en su contenido (algunos rechazaban el milenarismo de Apocalipsis con sus visiones y el reino milenial de Cristo en la tierra) o en dudas acerca de su autoría (como en el caso de 2 Pedro).[11] También recibieron apoyo muchos otros libros, como el Pastor de Hermas, el Apocalipsis de Pedro, la Epístola de Bernabé, la Didaché y 1 Clemente, pero eventualmente la mayoría los rechazó por considerarlos espurios, o no escritos por un apóstol.

Los criterios para que un escrito cristiano se convirtiera en canónico parece haber sido el siguiente:

1. Apostolicidad: ¿fue escrito por un apóstol o un compañero apostólico?
2. Antigüedad: ¿puede ser fechado en la era apostólica?
3. Ortodoxia: ¿coincidía con la enseñanza de la iglesia?
4. Catolicidad: ¿era ampliamente usado en todas las iglesias?

La cristalización del proceso de canonización tuvo lugar a finales del cuarto siglo. La trigésimo novena carta festiva de Atanasio (367 d. C.), así como los concilios de Hipona (393 d. C.) y Cártago (397 d. C.), registraron como canónicos los veintisiete libros de nuestro Nuevo Testamento.[12]

---

10. Eusebius, *Hist. Eccl.* 3.25.3.

11. Eusebius, *Hist. Eccl.* 2.23.25.

12. Michael F. Bird, "Canon, Biblical", en *Evangelical Dictionary of Theology*, ed. Daniel Treier y W. A. Elwell, 3ª ed. (Grand Rapids: Baker, 2016), 156–58.

¿QUÉ PODEMOS DECIR DE LOS "OTROS" EVANGELIOS?

Es cierto que Mateo, Marcos, Lucas y Juan no fueron los únicos Evangelios escritos. Hubo un estallido de Evangelios que fueron escritos durante el segundo y tercer siglo, entre los que encontramos el Evangelio de Tomás, el Evangelio de Verdad, el Evangelio de Pedro, el Evangelio de Felipe, el Evangelio de Judas, el Evangelio de María, el Evangelio de los Egipcios, y muchos otros que probablemente fueron escritos durante ese período. Es posible que algunos de estos Evangelios hayan tenido vínculos con tradiciones orales tempranas acerca de Jesús, pero muy frecuentemente provienen de los cuatro Evangelios canónicos, y su valor principal se halla en que testifican de la diversa y variada forma en que la historia de Jesús era recordada e interpretada por los grupos cristianos que nunca formaron parte de la iglesia convencional. Muchos de estos otros Evangelios son heréticos frente a los estándares de la ortodoxia, sin embargo, no todos lo son, siendo algunos de ellos coincidentes con las creencias cristianas normales. Mientras que algunos teólogos y líderes eclesiales vieron cierto valor en los otros Evangelios, en su mayoría fueron rechazados por ser representaciones falsas de Jesús —desincronizados con la fe convencional de la iglesia— o por haber sido denunciados como espurios al enseñar cosas que eran elitistas y esotéricas. Estos escritos no fueron rechazados como consecuencia de una conspiración dirigida por los obispos, en connivencia con el emperador, para suprimir la verdad acerca de Jesús. No, los otros Evangelios fueron rechazados porque presentaban un Jesús diferente, un Jesús distinto al Jesús del evangelio de salvación, un Jesús distinto al que adoraba la iglesia. En consecuencia, el Jesús que presentaban los otros Evangelios no era el Jesús al cual la gente estaba orando. Para poner un ejemplo, consideremos el verso final del Evangelio de Tomás (verso 114), que dice lo siguiente:

Simón Pedro les dijo: "Que María se aparte de nosotros, pues las mujeres no son dignas de la vida". Jesús dijo: "Miren, la voy a atraer para hacerla varón, así ella también puede convertirse en un espíritu de hombre vivo, parecido a ustedes". Pero les digo: "Toda mujer que se haga hombre entrará en el reino de los cielos" (basado en la traducción de Stephen Patterson y James Robinson).

UNA BREVE HISTORIA DE LA BIBLIA INGLESA

Durante la Edad Media, la Vulgata Latina fue la biblia de la iglesia inglesa. A pesar de la existencia de algunos fragmentos dispersos, no había traducción al inglés de la Biblia en lenguaje común. Pero en la década de 1380, **John Wycliffe**, profesor de Oxford, comenzó a desarrollar una traducción al inglés de la Vulgata. Wycliffe fue declarado hereje por la Iglesia Católica Romana, pero sus seguidores, conocidos como Lolardos, secretamente mantuvieron vivas sus enseñanzas y su traducción a pesar de que Enrique IV, en 1401, prohibió todas las traducciones al inglés.

Las cosas llegaron a un punto crítico cuando **Erasmo** de Róterdam publicó su primera edición paralela del Nuevo Testamento en latín y griego en 1516, el *Novum Testamentum*, basado en un número limitado de manuscritos medievales en griego a los cuales tuvo acceso. Este libro no solo fue una edición original del Nuevo Testamento griego, sino que además fue reproducido en grandes cantidades debido a la invención de la imprenta. El *Novum Testamentum* de Erasmo hacía evidentes las disparidades entre las versiones en griego y en latín del Nuevo Testamento, lo cual promovió el caso para una reforma religiosa. El *Novum Testamentum* de Erasmo fue editado cinco veces a lo largo de los siguientes veinte años, tratando de mejorar el texto en cada una de las ediciones, cada vez que llamaban su atención nuevos manuscritos. La tercera edición de 1522 sirvió como base de la versión inglesa ilegal y de contrabando del Nuevo Testamento, producida por William Tyndale en 1526. Una traducción al inglés del Antiguo Testamento fue completada en 1535 por Myles Coverdale. Esta traducción se basó en el trabajo inconcluso de Tyndale, en una traducción de la Vulgata del propio Coverdale, y en la Biblia Alemana de Lutero. Por lo tanto, fue en 1535 que Inglaterra tuvo finalmente una copia del Antiguo y del Nuevo Testamento en inglés.

Poco tiempo después, en 1537, John Rogers desarrolló su propia traducción al inglés del Antiguo y del Nuevo Testamento, dependiendo en gran parte del trabajo de Tyndale y de Coverdale. Esta Biblia fue llamada "La Biblia de Mateo" debido a que Rogers la escribió bajo el pseudónimo de Tomás Mateo. Luego, en 1539, el arzobispo Thomas Cranmer encargó a Coverdale la producción de la "Gran Biblia", que fue la primera Biblia en inglés en ser oficialmente autorizada para usarse en la iglesia de Inglaterra.

Otras traducciones notables al inglés incluyen a la Biblia de Ginebra de 1560, producida por los protestantes ingleses exiliados que escaparon de la Reina María I de Inglaterra y se refugiaron en Ginebra. La Biblia de los obispos, de 1568, era una alternativa a la Biblia de Ginebra. Cuando Isabel I, que era protestante, ascendió al trono de Inglaterra, los exiliados católicos crearon su propia contratraducción inglesa llamada Biblia Douay-Reims, publicando en 1582 el Nuevo Testamento y en 1610 el Antiguo Testamento. Sin embargo, fue la **Versión del Rey Jacobo** de **1611** la que se convirtió en la Biblia oficial del mundo anglohablante y se mantuvo de esa forma durante los siguientes tres siglos aproximadamente (aunque muchos no lo saben, ¡incluso la Biblia del Rey Jacobo tuvo sus ediciones a lo largo de los años!).

A pesar de su prevalencia, la elegante y estimada Versión del Rey Jacobo (KJV) comenzó a dejar de usarse en el siglo veinte por dos razones.

En primer lugar, la base textual de la KJV eventualmente llegó a quedar desactualizada producto de nuevos manuscritos descubiertos y de varias investigaciones en el campo de la crítica textual (la crítica textual es el estudio de los manuscritos originales en los cuales se basan las Biblias en inglés).

El Nuevo Testamento de la KJV estaba basado en la traducción del texto del Nuevo Testamento griego compilado por Teodoro Beza (1598), que a su vez estaba basado en la edición de Estefanus (1551), el cual estaba basado en la tercera edición del *Novum Testamentum* de Erasmo (este es el denominado *Textus Receptus* o "Texto Recibido"). Sin embargo, durante los siguientes tres siglos, muchos más manuscritos fueron descubiertos por parte de viajeros intrépidos que visitaron las diferentes bibliotecas y monasterios de Oriente. A su vez, estos manuscritos fueron utilizados para crear nuevas ediciones críticas del Nuevo Testamento griego, lo cual mejoró ampliamente la probabilidad de recuperar un texto más cercano a los autógrafos originales. Eruditos tales como B. F. Westcott (1825-1901) y F. J. A. Hort (1828-1892) en Inglaterra, al igual que E. Nestle (1851-1913) y K. Aland (1915-1994) en Alemania, estudiaron los múltiples manuscritos y refinaron la metodología para determinar, a partir de toda la evidencia textual disponible, el texto original del Nuevo Testamento. Las nuevas ediciones fueron una mejora al *Textus Receptus,* pues estaban basadas en manuscritos más antiguos y en una mejor metodología para decidir entre las diferentes variantes. Las nuevas ediciones críticas del Nuevo Testamento griego han proporcionado, en gran medida, las bases textuales para traducciones modernas como la Nueva Versión Internacional, la Versión Estándar Inglesa, la Biblia Inglesa Común, por nombrar algunas.

Para el Antiguo Testamento, la KJV usaba la Biblia Rabínica Hebrea de Daniel Blomberg (1524-25), aunque ajustada para coincidir con las cristianizaciones del Antiguo Testamento halladas en la Vulgata (Biblia en latín) y la Septuaginta (Antiguo Testamento griego). Sin embargo, el estudio de los textos hebreos mejoró ampliamente a partir del descubrimiento de los Rollos del mar Muerto en 1946-56 en Qumran, Israel. Los rollos contenían copias hebreas de libros del Antiguo Testamento, comentarios acerca de algunos de estos libros bíblicos del Antiguo Testamento, y una plétora de citas y alusiones al hebreo del Antiguo Testamento. En algunos casos, los rollos confirmaron la relativa estabilidad de la transmisión del texto del Antiguo Testamento. Las copias del Libro de Isaías halladas en Qumran son más o menos idénticas al Texto Masorético del siglo doce que fue usado para crear las ediciones modernas de la Biblia hebrea. Alternativamente, se han generado dudas respecto a otros libros tales como Jeremías, debido a que hay algunas diferencias entre los manuscritos hallados en Qumran, el Texto Masorético del siglo doce y otros manuscritos que contienen Jeremías en griego. En resumen, actualmente contamos con un gran número de manuscritos antiguos para estudiar y con un mejor sistema para navegar las diferencias entre manuscritos, lo que nos permite generar ediciones de la Biblia en griego y en hebreo que son más cercanas a los autógrafos originales que las producidas por los eruditos de 1611.

En segundo lugar, el idioma inglés ha cambiado desde 1611. Ya nadie —excepto los actores Shakesperianos— habla en inglés isabelino; incluso el significado de las palabras en inglés han cambiado a lo largo de los años. Por ejemplo, en 1 Tesalonicenses 4:15, la RVA dice: "Nosotros que vivimos, que habremos quedado hasta la venida del Señor, no seremos delanteros a los que durmieron". En español vemos el uso de la palabra *delanteros*, sin embargo, en la KJV la palabra utilizada es *prevent,* que en su uso actual significa *evitar o impedir*. Por lo tanto, en la versión inglesa KJV, uno podría pensar que Pablo está negando la posibilidad de que los vivos puedan impedir que los muertos resuciten, sin embargo, esto no es lo que Pablo está diciendo. El griego original usa la palabra *phthanō,* que significa "venir antes que otro", y el comité de la KJV tradujo este término con la palabra *prevent* que proviene de la frase en latín *preveniens,* "venir antes que otro". El problema es que en el inglés moderno la palabra *prevent* no significa preceder, como vimos anteriormente. Esta es la razón por la cual las traducciones modernas como la NVI son mucho mejores —al menos en inglés— al traducir 1 Tesalonicenses 4:15 como: "Conforme a lo dicho por el Señor, afirmamos que nosotros, los que estemos vivos y hayamos quedado hasta la venida del Señor, de ninguna manera nos adelantaremos a los que hayan muerto". La KJV fue compuesta para poner la palabra de Dios en lenguaje común, en un idioma que la gente común pudiera comprender; tanto un peón trabajando en el campo como una lavandera trabajando en una mansión. Dado que compartimos el mismo *ethos*, constantemente necesitamos revisar nuestras traducciones al inglés para reflejar nuestra lengua común.

De modo que, de manera resumida, podemos decir que así es como obtuvimos nuestro Antiguo y Nuevo Testamento, y cómo obtuvimos nuestras Biblias inglesas.

LECTURA RECOMENDADA

Antiguo Testamento

Beckwith, Roger T. *The Old Testament Canon of the New Testament Church and Its Background in Early Judaism*. Eugene, OR: Wipf & Stock, 2008.

Longman III, Tremper, y Raymond B. Dillard. *An Introduction to the Old Testament*. 2ª ed. Grand Rapids: Zondervan, 2009.

Apócrifos

deSilva, David A. *Introducing the Apocrypha: Message, Context, Significance*. Grand Rapids: Baker, 2004.

Harrington, Daniel J. *Invitation to the Apocrypha*. Grand Rapids: Eerdmans, 1999.

Nuevo Testamento

Burge, Gary M., y Gene L. Green. *The New Testament in Antiquity*. 2ª ed. Grand Rapids: Zondervan, 2020.

Patzia, Arthur G. *The Making of the New Testament: Origin, Collection, Text and Canon*. Downers Grove, IL: InterVarsity Press, 1995.

Biblia Inglesa

Bobrick, Benson. *The Making of the English Bible*. London: Phoenix, 2003.

Bruce, F. F. *The Books and the Parchments: How We Got Our English Bible*. Old Tappan, NJ: Revell, 1984.

2

LA BIBLIA ES DADA POR DIOS Y COMPUESTA POR HUMANOS

La Biblia es la "palabra de Dios", lo que significa que es un mensaje divinamente comunicado de Dios a nosotros. Sin embargo, como habrás notado, también es un libro muy humano. La Biblia fue escrita por autores humanos, en idiomas humanos, describe eventos humanos, aborda asuntos humanos y se dirige a los humanos acerca de todas las cosas concernientes a Dios. Entonces, ¿qué partes son divinas y qué partes son humanas? ¿Es posible diferenciarlos? O, podríamos preguntar, ¿cómo hizo Dios para que su mensaje entrara, atravesara y saliera de autores humanos? Lo que estamos preguntando aquí tradicionalmente es conocido como **inspiración**, lo cual explica cómo la Biblia puede ser al mismo tiempo tanto de Dios como de humanos. Cuando investigamos la inspiración bíblica, estamos examinando los medios —por misteriosos que sean— por los cuales Dios comunica su mensaje a través de autores humanos como Isaías, Oseas, Amós, Mateo, Pablo y Lucas.

Además, muchos teólogos afirman que si la Biblia es inspirada —de la forma que sea—, entonces también debe ser **inerrante**, esto es, sin error. Pero ¿qué significa decir que la Biblia es "sin error"? ¿Acaso eso es cierto? Si es así, ¿esto significa que la Biblia es verdadera y precisa en cada detalle, incluso en aspectos históricos y científicos? ¿O acaso la veracidad de la Biblia solo se extiende al tema de sus afirmaciones éticas y religiosas? Los teólogos han estado notoriamente divididos acerca de lo que significa la inerrancia y hasta dónde llega su aplicación. Ha habido todo un aluvión de facciones divididas respecto a este tema —en lo que parece ser una suerte de interminable "Batalla por la Biblia"— dentro de las denominaciones e instituciones evangélicas.

Entonces, para explicar los orígenes divinos y la textura humana de la Biblia, en este capítulo investigaremos las dos grandes palabras teológicas que comienzan con "I": inspiración e inerrancia. Es vital que los cristianos sepan *cómo* nos es dada la Biblia y *cómo* resulta ser verdadera. Tener una buena comprensión de la inspiración y de la inerrancia significa que no trataremos la Biblia como un código secreto, descifrado por el simbolismo en la parte trasera de un billete de diez dólares, ni que la usaremos inapropiadamente como un libro de texto sobre el desarrollo cognitivo adolescente, o como una obra de referencia para paleontología. Seremos libres para honrar la Biblia tal como se presenta a sí misma y para valorarla por las verdades que habla. Así que, esperemos que al final de este capítulo, tengan una mejor comprensión de cómo la Biblia es la palabra de Dios transmitida a través de autores humanos y que estén plenamente convencidos de que la Escritura es veraz y confiable en los asuntos de los que habla.

UN DISCURSO DIVINO A TRAVÉS DE UN SUJETO HUMANO

Al escudriñar la inspiración bíblica, debemos examinar dos áreas precisas. Primero, el **fenómeno** descrito en la Escritura donde la palabra de Dios "viene" a alguien; y segundo, las **declaraciones directas** que da la Biblia sobre cómo los autores fueron divinamente movidos a escribir la Escritura. Es de esto que hablaremos ahora.

A qué se parece la inspiración cuando ocurre

Hay varios ejemplos en la Biblia donde se informa que la palabra de Dios vino a una persona. Consideremos lo siguiente:

Después de esto, **la palabra del** Señor vino a Abram en una visión:

«No temas, Abram.
   Yo soy tu escudo,
   y muy grande será tu recompensa».
Pero Abram le respondió:

—Señor y Dios, ¿para qué vas a darme algo, si aún sigo sin tener hijos, y el heredero de mis bienes será Eliezer de Damasco? Como no me has dado ningún hijo, mi herencia la recibirá uno de mis criados.

—¡No! Ese hombre no ha de ser tu heredero —le contestó el Señor—. Tu heredero será tu propio hijo.

Luego el Señor lo llevó afuera y le dijo:

—Mira hacia el cielo y cuenta las estrellas, a ver si puedes. ¡Así de numerosa será tu descendencia! (Génesis 15:1-5).

Estas son las palabras de Jeremías hijo de Jilquías. Jeremías provenía de una familia sacerdotal de Anatot, ciudad del territorio de Benjamín. La **palabra** del Señor vino a Jeremías en el año trece del reinado de Josías hijo de Amón, rey de Judá. También vino a él durante el reinado de Joacim hijo de Josías, rey de Judá, y hasta el fin del reinado de Sedequías hijo de Josías, rey de Judá; es decir, hasta el quinto mes del año undécimo de su reinado, cuando la población de Jerusalén fue deportada.

La **palabra** del Señor vino a mí:

«Antes de formarte en el vientre,
    ya te había elegido;
    antes de que nacieras,

ya te había apartado;
te había nombrado profeta para las naciones».

Yo le respondí:

«¡Ah, Señor mi Dios! ¡Soy muy joven, y no sé hablar!».

Pero el Señor me dijo:

«No digas: "Soy muy joven", porque vas a ir adondequiera que yo te envíe, y vas a decir todo lo que yo te ordene. No le temas a nadie, que yo estoy contigo para librarte». Lo afirma el Señor.

Luego extendió el Señor la mano y, tocándome la boca, me dijo:

«He puesto en tu boca mis palabras" (Jeremías 1:1-9).

Pero **la palabra** de Dios vino a Semaías, hombre de Dios, y le dio este mensaje: «Diles a Roboán hijo de Salomón y rey de Judá, a todas las familias de Judá y de Benjamín, y al resto del pueblo que así dice el Señor: "No vayan a luchar contra sus hermanos, los israelitas. Regrese cada uno a su casa, porque es mi voluntad que esto haya sucedido"». Y ellos obedecieron la palabra del Señor y regresaron, tal como el Señor lo había ordenado (1 Reyes 12:22-24).

... el sumo sacerdocio lo ejercían Anás y Caifás. En aquel entonces, **la palabra de Dios** llegó a Juan, hijo de Zacarías, en el desierto. Juan recorría toda la región del Jordán predicando el bautismo de arrepentimiento para el perdón de pecados (Lucas 3:2-3).

Estos y otros textos conciben a una persona recibiendo una "palabra" de Dios en forma de una promesa (Abram), en forma de instrucción (Semaías), en forma de empoderamiento para llevar a cabo un ministerio profético de advertencia y lamento (Jeremías), o en forma de un llamado para proclamar un mensaje divino a todos los que escuchen (Juan el Bautista). Ellos reciben un mensaje y se van con una profunda sensación de haber encontrado al Dios viviente. Estos pasajes apuntan a un momento de *revelación*, una revelación de algo previamente desconocido, un evento en el cual Dios imparte a una persona algún tipo de conocimiento acerca de su propósito y sus planes, causando un profundo impacto personal en el receptor: la revelación es tanto *proposicional* (imparte conocimiento) como *personal* (impacta a la persona). En otras palabras, ellos reciben un mensaje y se van con una profunda sensación de haber encontrado al Dios viviente.

En varios lugares, el Libro de los Hechos describe cómo una persona fue "llena del Espíritu Santo" o "llena del Espíritu" y luego habló la palabra de Dios (ver Hechos 4:8, 31; 6:10; 7:55; 13:9). Además, en el relato de Lucas sobre la predicación apostólica, hay muchas referencias sobre cómo el Espíritu Santo habló a través de autores del Antiguo Testamento tales como David en los Salmos o a través de profetas como Isaías (Hechos 4:25; 28:25). Esto coincide con el Antiguo Testamento, donde frecuentemente se afirma que el Espíritu habló "por medio" o "a través" de alguien (ver 2 Samuel 23:2; Nehemías 9:30; Ezequiel 11:5). Uniendo estos ejemplos, podemos ver que el Espíritu Santo es el locutor principal que habla Palabra de Dios a través de personas escogidas. El Espíritu de Dios anima y empodera a alguien para hablar un mensaje en su nombre.

En el Libro de Apocalipsis, la descripción inicial de Juan sobre la revelación que le fue dada es llamada "la palabra de Dios y el testimonio de Jesucristo" (Apocalipsis 1:2). Esta "revelación" incluye una mezcla de visiones, relatos angelicales, enseñanzas del Espíritu e incluso dictados. Juan instó a sus lectores a "escuchar lo que el Espíritu le dice a las iglesias" (Apocalipsis 2:7, 11, 17, 29; 3:6, 13, 22). En algunos casos, el Señor le dijo explícitamente a Juan que escribiera las cosas: descripciones de su visión (Apocalipsis 1:11, 19) o palabras más específicas que le fueron dadas para registrar (Apocalipsis 2:1, 8, 12, 18; 3:1, 7, 14; 14:13; 19:9; 21:5). El relato de Juan sobre la revelación divina incluye la recepción de visiones asombrosas, un vistazo a las realidades celestiales, metáforas apiladas sobre metáforas, indicios misteriosos acerca de acontecimientos futuros y palabras precisas para exhortar a las iglesias de su propio día.

Cuando la palabra de Dios viene a alguien es fascinante, deslumbrante y aterradora por su poder y majestad, así como por su franqueza y solemnidad. Puede ser que venga en forma de una visión, pero nunca de forma ambigua. Puede suscitar una gran variedad de emociones, pero no consiste en sentimientos religiosos ininteligibles. La palabra revelada de Dios puede sonar de otro mundo, pero es puesta en un lenguaje claro y comprensible para su audiencia. El habla divina tiene la intimidad de una madre hablando a su hijo pequeño y el poder de un director que enseña a un actor cómo interpretar su papel. Dios habla una palabra divina, la cual, a través del Espíritu, se hace inteligible para el consumo humano, tanto para el sabio como para el simple.

Qué dice la Escritura sobre sí misma

Dado que la Escritura es frecuentemente descrita como la "palabra de Dios", tendría sentido que gran parte de lo que hemos observado acerca de la palabra de Dios viniendo sobre un profeta, también se aplicara a cómo el Espíritu movió a los autores bíblicos a escribir la Sagrada Escritura. En este punto hablaremos del propio testimonio de la Escritura acerca de cómo es una palabra sagrada de Dios y del "mecanismo" por el cual los autores bíblicos fueron movidos a escribir bajo la influencia del Espíritu.

El primer texto clave es de Pablo, que escribe a Timoteo, su protegido y joven colega:

"Toda la Escritura es inspirada por Dios y útil para enseñar, para reprender, para corregir y para instruir en la justicia, a fin de que el siervo de Dios esté enteramente capacitado para toda buena obra" (2 Timoteo 3:16-17).

Lo interesante aquí es que Pablo inventa una nueva palabra, "Aliento de Dios" (*theopneustos* en griego), para explicar cómo Dios comunica un mensaje a través del medio escrito. A pesar de que podríamos discutir varias posibilidades, para ir al grano, el punto es que la Escritura es la palabra de Dios insuflada en autores humanos quienes a su vez componen textos escritos. Esto significa que la Escritura es producto de la obra creativa y comunicativa de Dios en autores humanos, la cual es tan eficaz que aquello que escribieron bajo la influencia divina, es considerado de autoría divina. Debido a que tiene su origen en Dios, la Escritura es útil para enseñar la verdad, señalar errores, corregir comportamientos indebidos, e instruir en las disciplinas de la piedad y la santidad.

Los creyentes reciben la Escritura como aquello que es generado por el Espíritu para edificarlos en Cristo, para servir a Dios mismo.

—J. Todd Billings, *The Word of God for the People of God*
(Grand Rapids: Eerdmans, 1996), 92.

Luego tenemos otra declaración notable en 2 Pedro sobre cómo los autores fueron movidos a escribir un mensaje de Dios.

Ante todo, tengan muy presente que ninguna profecía de la Escritura surge de la interpretación particular de nadie. Porque la profecía no ha tenido su origen en la voluntad humana, sino que los profetas hablaron de parte de Dios, impulsados por el Espíritu Santo (2 Pedro 1:20-21).

Esta es la manera en que Pedro dice que los profetas no inventan cosas. La palabra profética de la Escritura no está basada sobre una interpretación vaga e imprecisa de los hechos. Ninguna profecía, y ninguna Escritura en ese sentido, tiene su origen en la imaginación humana. En cambio, los profetas —y aquí podríamos agregar también a apóstoles y evangelistas— hablaron de parte de Dios, pues fueron "llevados por el Espíritu Santo". Ser "llevado", no como en un sentido mecánico y abrumador, sino más bien como siendo conducido al punto de conciencia y comprensión. La palabra profética, ya sea hablada o escrita, no es un logro de la invención humana, sino que es atribuida al poder del Espíritu infundido en la personalidad del hablante o del autor.

Si unimos 2 Timoteo 3:16 y 2 Pedro 1:20-21, pareciera que la Escritura misma afirma que los autores bíblicos fueron divinamente movidos y dotados espiritualmente para recibir una palabra de Dios y escribirla en palabras humanas. La Escritura *no es meramente* el registro de la revelación divina (a pesar de que lo es). La Escritura *no es meramente* algo para iluminar nuestras mentes con conocimientos sobre Dios y sus propósitos (¡a pesar de que también hace esto!). La Escritura en sí misma *es* una revelación, pues Dios inspiró su palabra en sujetos humanos que fueron llevados por la influencia del Espíritu Santo a escribir un mensaje dado divinamente. La palabra de Dios consiste en el testimonio divino de la verdad, el cual fue infundido en personas y luego inscrito en páginas. A esto nos referimos cuando hablamos acerca de la inspiración bíblica.

CÓMO MUEVE DIOS A UN AUTOR PARA ESCRIBIR LA ESCRITURA

Hasta ahora hemos visto que la Escritura es "exhalada por Dios" y que los autores bíblicos fueron "llevados por el Espíritu Santo". Esto es genial, pero ¿qué significa exactamente? ¿Qué sucede cuando su exhalación y su guía descienden? ¿Qué es lo que la inspiración realmente hace en las mentes y en las manos de los profetas, historiadores, sabios, poetas, editores y apóstoles que escribieron la Biblia? Bueno, hay varias posibilidades que debemos considerar.

La inspiración como habilidad artística

Para empezar, algunas personas consideran que la inspiración bíblica es como una inspiración artística. Los sentimientos de fervor religioso, las meditaciones acerca de Dios o el disfrutar de la creación de Dios condujeron a las personas a verbalizar sus experiencias de lo que Dios les estaba diciendo. Esto convierte a Dios en una musa más que un comunicador. Dios inspira a las personas del mismo modo que un amanecer o una rosa inspiran a un poeta. Pero parece absurdo imaginar a Moisés pensando: "Uf, hoy me siento enojado. Tal vez Dios nos está diciendo que matemos a todos los cananeos", y luego escribiendo instrucciones para la conquista de Canaán (Deuteronomio 20:17). O a Mateo diciendo: "Me siento realmente bendecido hoy. Creo que Jesús realmente querría bendecir a mucha gente", y luego componiendo las Bienaventuranzas (Mateo 5:1-12). O a Isaías reflexionando acerca del desaliento de Israel languideciendo en Babilonia, y sintiéndose obligado por la idea de la misericordia de Dios, imaginó un día en que Dios rescataría a los exiliados de Babilonia y los haría regresar a Judea (Isaías 40–55). La inspiración divina no debe equipararse con sentimientos religiosos atribuidos a Dios o con sensaciones de creatividad que convierten a Dios en el mero estímulo de la propia imaginación.

La inspiración como respaldo divino

Otros conciben la inspiración como la validación de Dios de un texto escrito. Es decir que Oseas y Santiago compusieron sus respectivas obras, básicamente escribiendo por su cuenta sus propias ideas, y luego, Dios simplemente puso su sello celestial de aprobación en sus escritos. Como si Dios dijera: "Soy Dios y apruebo este mensaje". Sin embargo, la inspiración no es simplemente el respaldo divino de un texto religioso. En lugar de confirmar retrospectivamente proyectos literarios humanos, Dios se encuentra activo en la revelación. Tal enfoque acerca de la inspiración reduce a Dios al rol de editor principal, o peor aún, al de un crítico literario.

La inspiración como dictado divino

El dictado divino ha sido una explicación común para la inspiración bíblica. En el dictado divino, Dios habla a la mente de un Abdías o de un Lucas, quienes a su vez escriben lo que escuchan palabra por palabra. Para ser justos, la Escritura narra algo parecido al dictado cuando Dios le dice a alguien que ponga algo por escrito. Por ejemplo, esto sucedió cuando el Señor dijo a Moisés que escribiera el cántico de liberación que los israelitas cantarían para conmemorar lo que Dios había hecho por ellos en el éxodo (Deuteronomio 31:19-22). Dios instruyó a Isaías a comprometerse a escribir una advertencia profética sobre la locura de buscar que Egipto los liberase de Asiria (Isaías 30:8). A Jeremías se le dijo en una ocasión: "Escribe en un libro todas las palabras que te he dicho" (Jeremías 30:2; véase además 36:2, 28). Finalmente, Juan de Patmos fue instruido a escribir ciertas palabras del Jesús exaltado, en primera persona, para las iglesias de Éfeso, Esmirna, Pérgamo, Tiatira, Sardis, Filadelfia y Laodicea (Apocalipsis 2:1, 8, 12, 18; 3:1, 7, 14; 14:13; 19:9; 21:5). Sin embargo, a pesar de que el dictado puede verse en unos pocos casos limitados, no parece haber sido lo normal. No pienso que Dios le dictara a Lucas que debía decir: "Yo también, excelentísimo Teófilo, lo he investigado todo con cuidado desde el principio", si en realidad no lo había hecho (Lucas 1:3 DHH), ni que tampoco le dictara a Pablo que olvidase a quien había bautizado a medias mientras reprendía a los Corintios (1 Corintios 1:14-16). Creo que Lucas creyó que estaba escribiendo algo que cuidadosamente había investigado y examinado, para luego elaborar una elegante narrativa histórica sobre Jesús y la iglesia primitiva, y no que simplemente estaba escribiendo lo que Dios había descargado sobrenaturalmente —palabra por palabra— en su cerebro. En 1 Corintios, Pablo realmente olvidó a quien había bautizado y luego dio marcha atrás a mitad de la oración —es difícil imaginar que Dios le dictara eso. Además, si el dictado realmente ocurrió, entonces, ¿por qué los libros bíblicos tienen tantos estilos diferentes? ¿por qué utilizan distintos? y ¿por qué exhiben tan precisamente las personalidades de sus autores? La teoría del dictado elimina el elemento humano de la Escritura, al negar que las personalidades de los autores brillen a través de los textos. Y, a riesgo de parecer irreverente, si Dios dictó el griego del Libro de Apocalipsis, entonces, para ser honesto, Dios necesita tomar algunas lecciones de gramática, porque el griego de Apocalipsis es tosco y torpe. Así que, podemos decir que el dictado sirve en algunas ocasiones, pero no llega a dar una respuesta satisfactoria a qué significa la inspiración, pues niega la dimensión humana de la Escritura.

La inspiración como habilitación divina con palabras

El postulado sobre la inspiración bíblica que más prevalece entre los teólogos evangélicos es el de "inspiración verbal y plenaria". En esta posición, la inspiración corresponde a la obra de Dios para guiar las mentes y las personalidades de los autores humanos para que elijan libremente escribir con sus propias palabras el significado previsto de lo que Dios les había revelado. Esta concepción es mejor que la teoría del dictado porque da lugar a las personalidades humanas en la composición de la Escritura y, sin embargo, considera que Dios es el autor final de cada una de las palabras escritas. Con todo, uno de los problemas es que se parece a la teoría del dictado, pero en un grado ligeramente menor. Si la inspiración verbal y plenaria se extiende incluso a las palabras y al orden de las mismas en la Escritura, ¿en qué se diferencia este postulado de la teoría del dictado?

La inspiración como la encarnación de ideas divinas en palabras humanas

Ha habido un intento de articular la inspiración como algo similar a la encarnación: una unión de elementos divinos y humanos. En esta concepción, la Escritura es donde la palabra de Dios adquiere la carne del lenguaje humano, de modo que la Biblia es completamente divina y completamente humana. Suena bien, pero no, ¡no servirá! Jesús es una encarnación de Dios, Dios en carne humana. La unión de las naturalezas humana y divina sin confusión, cambio, mezcla o separación en el hombre Jesús de Nazaret. Claramente, esto *no* es lo que sucede durante la composición de la Escritura. Más allá de eso, recordemos también que la encarnación es única; la encarnación no es el modo normal en que Dios se comunica. La revelación de una palabra divina a través de la mente de un autor humano es una cosa, pero la revelación de la Palabra de Dios como persona humana en la carne es otra cosa muy distinta. La Palabra de Dios como un libro y la Palabra de Dios hecha carne son ambas reveladoras y redentoras, pero no son lo mismo.

> Tanto los teólogos católicos como los evangélicos han utilizado la encarnación como una analogía para la inspiración. La encíclica papal de 1942, *Divino Afflante Spiritu*, dice: "Dado que la Palabra sustancial de Dios llegó a ser semejante a los hombres en todas las cosas, 'excepto en el pecado', así, las palabras de Dios, expresadas en lenguaje humano, son hechas similares al habla humana en todos los aspectos, excepto el error", y la Declaración de Chicago sobre Hermenéutica Bíblica de 1982 asegura que "afirmamos que, así como Cristo es Dios y hombre en una sola Persona, así también la Escritura es, indivisiblemente, la Palabra de Dios en lenguaje humano".

La inspiración como guía conceptual

Mi opinión es que la inspiración es principalmente Dios guiando y conduciendo las mentes humanas a nivel conceptual, es decir, en nociones generales, ideas globales, en los bloques elementales que forman palabras y oraciones. La inspiración es cómo Dios, a través del Espíritu Santo, estimula la mente humana al nivel que el cerebro formula ideas en palabras y oraciones para que los autores, a través de sus experiencias, conocimiento, emociones y palabras, escriban un mensaje coherente con la intención divina. Esto no quiere decir que Dios simplemente da a un autor la esencia de lo que quiere que digan. Como si Dios le dijera al salmista que escribiera algo poético acerca de Dios como Pastor, lo cual lo lleva a escribir el Salmo 23, o como si Dios le diera a Pablo algunas ideas sobre el amor, que luego el apóstol convierte en la oda al amor en 1 Corintios 13. Más bien, la inspiración desde este enfoque, es la dirección del pensamiento personal. En su alcance, la inspiración dirige pensamientos, no las sílabas de palabras individuales. La inspiración involucra una especie de conexión sobrenatural entre las ideas de Dios y su expresión verbal en la mente de los autores individuales.

Pensar la inspiración principalmente como dirección de las concepciones mentales de una persona, significa que la palabra de Dios es traducible. Si la inspiración aplica a las palabras originales del hebreo, arameo y griego, entonces esto quiere decir que solo aquellas palabras son la revelación divina. Eso, inevitablemente, significaría que nuestras Biblias inglesas no son las verdaderas palabras de Dios, sino una mera traducción de ellas al inglés. Tal concepción de la inspiración es explícitamente enseñada en el islam, donde el Corán en su árabe original, y solo en árabe, es la palabra de Alá. Todas las traducciones posteriores del Corán no son equivalentes con la revelación divina supuestamente dada a Mahoma por el ángel Gabriel. Sin embargo, si consideramos la inspiración como referente a Dios implantando ideas en las mentes de autores humanos, en lugar de darles palabras en sí, entonces las traducciones que expresan las mismas ideas y transmiten el mismo conocimiento pueden ser consideradas como expresiones genuinas de la Palabra de Dios. En consecuencia, ubicar la inspiración en un nivel conceptual, en lugar de un nivel verbal, quiere decir que tu Biblia inglesa es efectivamente la Palabra de Dios.

El por qué y el cómo de la inspiración

Dos cosas más que debemos mencionar son los **propósitos** detrás de la inspiración de Dios y los **procesos** generales involucrados en la producción de libros bíblicos.

Al inspirar la Palabra de Dios en las mentes humanas y llevar consigo a los autores humanos por medio del Espíritu, Dios está tratando de decirnos algo y de hacer algo en nosotros mediante el acto de decir. Dios nos da su palabra inspirada no solo para informarnos, sino también para transformarnos. La palabra inspirada de Dios no es solo hechos para las personas, sino que además pretende generar un impacto en ellas. La palabra inspirada de Dios no es solo declaraciones que buscan aceptación, sino un discurso que llama al arrepentimiento, al lamento, a la alegría, a la esperanza, a la reflexión, a la determinación, a la disciplina, a la compasión, a la justicia y a la confianza. Dios no inspira a los autores a escribir fragmentos de trivia para ser archivados en el fondo de la mente para su posterior uso. Dios inspira a los autores bíblicos a componer un diverso conjunto de géneros como historias de creación, códigos de leyes antiguas, poesía hebrea, profecía, Evangelios, epístolas e incluso un apocalipsis a fin de moldear nuestras mentes e imaginaciones de acuerdo con una cosmovisión centrada en Dios. La palabra inspirada de Dios logra un sin fin de efectos que pueden resumirse como enseñanza, represión, corrección e instrucción en justicia (2 Timoteo 3:16). Diremos más acerca del propósito de la Escritura en el Capítulo 6.

Además, aunque la inspiración puede referirse a la impartición de ideas por parte del Espíritu Santo, la producción de un texto escritural, a menudo, involucra una serie de procesos humanos que son dirigidos por la guía del Espíritu. Por ejemplo, está claro que ciertos libros de la Biblia fueron compuestos y compilados a lo largo de un período de tiempo, como el Pentateuco, que es una colección de tradiciones legales e historias que probablemente fueron editadas por un grupo de sacerdotes poco después del exilio Babilónico. Luego están los Salmos, que es una colección de cinco libros de salmos con salmos individuales escritos por diferentes autores, y teniendo cada libro sus propios temas distintivos y su propia historia literaria. Otros escritos, como Isaías, probablemente surgieron en tres fases distintas a medida que la profecía de Isaías era recordada, reinterpretada y reinscrita a lo largo de los imperios Asirio (Isaías 1–39), Babilónico (Isaías 40–55) y Persa (Isaías 56–66). El Evangelio de Juan incluye la propia conclusión del evangelista (Juan 20:31), un epílogo adjunto posteriormente (Juan 21:1-23) y una conclusión compuesta por los editores del Evangelio (Juan 21:24-25). Tiendo a ser cauto respecto a ciertas teorías de que los libros bíblicos han sido hilvanados a partir de múltiples fuentes —como frecuentemente se propone para 2 Corintios y Filipenses—, pero en general hay buenas razones para considerar que algunos libros bíblicos fueron compuestos producto de un trabajo conjunto entre un autor inicial y editores posteriores a lo largo de algunas décadas. Una alta estima de las Escrituras debería abarcar tanto la inspiración del Espíritu Santo a los autores, como la "santificación de los procesos de las criaturas" que realiza el Espíritu Santo, que incluye la guía en la recopilación, la edición y la canonización de textos antiguos, la cual nos dio la Sagrada Escritura.[1]

UN DISCURSO DIVINO QUE ES VERDADERO Y CONFIABLE

El debate de la inerrancia

Cuando Dios habla a través de autores humanos, él nos trae su palabra, y es una palabra verdadera. Dios habla la verdad y no nos miente ni nos engaña

---

1. John Webster, *Holy Scripture: A Dogmatic Sketch* (Cambridge: Cambridge University Press, 2003), 17.

(¡ver Números 23:19!). Por lo tanto, podemos esperar que la Sagrada Escritura sea verdadera dado que Dios ha invertido en ella su propia fidelidad y veracidad. Pero esto aún conduce a preguntas sobre exactamente cómo o hasta qué punto la Escritura es verdadera. ¿La Escritura es verdadera incluso cuando se refiere a cuestiones científicas sobre la creación del universo? ¿Es absolutamente precisa en los finos detalles históricos que hablan de los israelitas y de la cronología de la vida de Jesús? ¿O sus declaraciones de la verdad están restringidas a asuntos teológicos como la salvación, la ética y el gobierno de la iglesia? ¿Contiene acaso la Escritura algunos errores tales como errores fácticos o errores de coherencia? ¿Podemos acaso decir que la Biblia es verdadera en asuntos de fe, pero potencialmente errónea en materia de ciencia, biología e historia? De esto se tratan los debates sobre la inerrancia, y pueden ser asuntos particularmente brutales cuando se llevan a cabo en contextos cristianos conservadores.

DECLARACIONES DE LA ESCRITURA EN DIFERENTES CONFESIONES Y DECLARACIONES DOCTRINALES

- Los 39 artículos anglicanos; artículo 6 (1571): "autoridad" y "suficiencia" de la Escritura.
- Confesión de Westminster 1.5 (1647): "verdad infalible y autoridad divina".
- Iglesias Evangélicas Armenias de Turquía (1846): "El Espíritu Santo, nuestro *Consolador*, quién inspiró las Sagradas Escrituras del Antiguo y Nuevo Testamento, nuestra autoridad suprema en todos los asuntos de fe y conducta".
- Declaración de fe de la Asamblea Mundial de Dios, artículo 2 (1916): la Biblia es inspirada por Dios y es "la infalible, autoritativa regla de fe y conducta".
- Fraternidad Cristiana de Universidades y Colegios, artículo 3 (1928): "La Biblia, tal como fue dada originalmente, es la Palabra de Dios inspirada e infalible. Es la autoridad suprema en todo asunto de creencia y comportamiento".
- Declaración de fe de la Asociación Nacional de Evangélicos (1942): "Creemos que la Biblia es la inspirada, la única infalible y la autoritativa Palabra de Dios".
- La Declaración de Jerusalén de la Confraternidad de Anglicanos Confesantes (2008): "Creemos que las Sagradas Escrituras del Antiguo y Nuevo Testamento son la Palabra de Dios escrita y que contienen todas las cosas necesarias para la salvación. La Biblia debe ser traducida, leída, predicada, enseñada y obedecida en su sentido claro y canónico, respetuoso de la lectura histórica y consensuada de la iglesia".

Guerras por la inerrancia en el evangelicalismo

En la historia del evangelicalismo estadounidense, especialmente en los últimos cien años, la inerrancia ha sido el problema determinante dentro del campo evangélico y ha dado lugar a todo tipo de debates, rupturas denominacionales y divisiones institucionales. Ciertamente, no es exagerado decir que la "inerrancia" mantiene un lugar, una prioridad y una exigencia de precisión en las iglesias estadounidenses que simplemente está ausente en el resto del mundo. No me malinterpreten, las iglesias evangélicas mundiales creen muy seriamente en la inspiración e infalibilidad de la Biblia, solo que no con el mismo fervor o con el mismo nivel de agresión que ha existido desde la década de 1970 dentro del evangelicalismo estadounidense en el contexto de la "batalla por la Biblia".

Permítanme compartir una historia que ilustra la ferocidad de las luchas internas evangélicas estadounidenses por la inerrancia y cómo esto incluso llevó a que algunos evangélicos conservadores se canibalizaran unos a otros. Tengo un amigo llamado Dr. Michael Licona, el cual es un brillante apologista cristiano que ha defendido el cristianismo contra las críticas de ateos y musulmanes. Él es un gran orador y escritor. Escribió un libro realmente bueno sobre la historicidad de la resurrección.[2] En ese libro, tuvo que lidiar con un pasaje especialmente complicado del Evangelio de Mateo:

> En ese momento la cortina del santuario del templo se rasgó en dos, de arriba abajo. La tierra tembló y se partieron las rocas. Se abrieron los sepulcros, y muchos santos que habían muerto resucitaron. Salieron de los sepulcros y, después de la resurrección de Jesús, entraron en la ciudad santa y se aparecieron a muchos (Mateo 27:51-53).

Ahora bien, este texto es extraño porque tiene personas, antiguos santos israelitas, aparentemente siendo devueltos a la vida, no solo *antes* de la resurrección general de los muertos al final de la historia (ver Daniel 12:1-2; Juan 5:29; 11:24; Hechos 23:6, 8; 24:15, 21), sino incluso *antes* de la propia resurrección de Jesús, lo cual es muy extraño ya que se supone que la resurrección de Jesús son las "primicias" de la resurrección futura (véase 1 Corintios 15:20-23). Además, Mateo nos dice que estas personas santas fueron devueltas a la vida cuando Jesús murió, pero no salieron de

---

2. Michael R. Licona, *The Resurrection of Jesus: A New Historiographical Approach* (Downers Grove, IL: InterVarsity Press, 2011).

sus respectivas tumbas hasta después de la resurrección de Jesús, lo cual es una suerte de incómodo entreacto. Es más, si esto literalmente sucedió, uno pensaría que tal vez un historiador judío como Josefo o un historiador romano como Tácito podrían haber mencionado este evento asombroso acerca de hombres y mujeres israelitas de la antigüedad que volvieron a la vida —al menos por un tiempo— en Jerusalén. D. A. Carson apropiadamente denomina este episodio como "extraordinariamente difícil".[3] Entonces, ¿qué está pasando aquí? Bueno, Licona comenta que esto realmente es un "pequeño extraño texto" y observa cuántos fenómenos extraños, como terremotos y prodigios cósmicos que se decía que acompañaban la muerte de grandes líderes en fuentes antiguas. Licona supone:

> Me parece que la comprensión del lenguaje de Mateo 27:52-53 como "efectos especiales" es más plausible teniendo en mente el pensamiento judío y sus textos escatológicos. Hay mucho más respaldo para esta interpretación. Las tumbas fueron abiertas y los santos fueron levantados a la vida luego de la muerte de Jesús. Como si esto no fuera lo suficientemente extraño, Mateo agrega que ellos no salieron de sus tumbas hasta *después* de la resurrección de Jesús. ¿Qué estuvieron haciendo entre la tarde del Viernes y la mañana del Domingo? ¿Acaso estuvieron esperando en pie a la entrada de sus tumbas ahora abiertas?

Licona luego considera "este difícil texto en Mateo como un recurso poético que fue agregado para comunicar que el Hijo de Dios había muerto y que el juicio inminente aguardaba a Israel".[4] Estoy de acuerdo con su interpretación; de hecho, en una publicación anterior escribí: "Mi comprensión de este texto es que no es histórico y mezcla el presente con el futuro, para que Mateo proporcione un cameo de la futura resurrección en el momento de la muerte de Jesús, con el fin de subrayar su poder vivificante".[5] Incluso si no están de acuerdo con tal línea interpretativa, espero que aprecien que tanto Licona como yo estamos intentando presentar una exégesis defendible y sensata de este difícil texto Mateano.

---

3. D. A. Carson, "Matthew", en *The Expositor's Bible Commentary: Matthew and Mark*, ed. T. Longman y D. E. Garland, rev. ed. (Grand Rapids: Zondervan, 2010), 650.

4. Licona, *Resurrection of Jesus*, 548, 552–53.

5. Michael F. Bird y James G. Crossley, *How Did Christianity Begin?: A Believer and Non-Believer Examine the Evidence* (London: SPCK, 2008), 69n.60.

Sin embargo, no todo el mundo estuvo educadamente en desacuerdo, y Licona fue acusado de negar la doctrina de inerrancia bíblica. La "lógica" de sus críticos era que si no crees en una resurrección literal en Mateo 27:52, entonces, obviamente, corres el riesgo de negar que Jesús fue literalmente resucitado en Mateo 28. Como resultado, Licona fue denunciado en varios sitios web, sufrió la cancelación de varias de sus conferencias, le retiraron la invitación para enseñar en varias universidades, y fue tratado como si hubiera escrito un libro llamado *Por qué me gusta adorar a satanás y torturar cachorros bonitos*. Creo que el enfoque de Licona es totalmente plausible y concuerda con la ortodoxia cristiana histórica, e incluso si alguien no estaba de acuerdo con él en este caso particular, no había excusa alguna para tratarlo como la madre de todos los herejes.

En lugar de ofrecer una férrea defensa de Licona dentro del evangelicalismo estadounidense, creo que todo este trágico episodio merece algunos comentarios acerca del lugar que tiene la inerrancia dentro del evangelicalismo estadounidense (siendo relevante para otros países que tienen enclaves o satélites de la cultura evangélica conservadora estadounidense):

1. Para muchos evangélicos estadounidenses, la inerrancia es una especie de pasaporte y visa de residencia dentro de la tribu evangélica; sin ella puedes esperar ser deportado.

2. Aunque la inerrancia puede ser definida en diferentes formas[6] —y puedo afirmar una versión matizada de la inerrancia[7]— dentro del evangelicalismo conservador estadounidense, las credenciales de buena fe, al igual que la justicia doctrinal de una persona son determinados por guardar la postura más estricta y dura respecto a la inerrancia. Pareciera haber una continua rivalidad entre algunos líderes evangélicos del tipo "soy más inerrantista que tú y lo puedo probar por la cantidad de personas que denuncio".

3. Algunas personas predican sobre la inerrancia de las *Escrituras*, pero de lo que realmente hablan es de la inerrancia de *su interpretación* de

---

6. Ver David S. Dockery, *The Doctrine of the Bible* (Nashville: Convention, 1991), 86–88; James Merrick y Stephen M. Garrett, eds., *Five Views on Biblical Inerrancy* (Grand Rapids: Zondervan, 2013).

7. Ver Michael F. Bird, "Inerrancy Is Not Necessary for Evangelicalism outside the USA", en *Five Views on Biblical Inerrancy*, ed. James Merrick y Stephen M. Garrett (Grand Rapids: Zondervan, 2013), 145–73; idem, *Evangelical Theology: A Biblical and Systematic Introduction* (Grand Rapids: Zondervan, 2013), 642–46.

la Escritura. En otras palabras, la batalla por la Biblia no es siempre acerca de la Biblia, sino, en realidad, acerca del dominio de determinados tipos de cultura religiosa y de la hegemonía de personalidades clave dentro de ciertas instituciones.

4. Respecto al tema de la inerrancia, los evangélicos estadounidenses pueden ser cruelmente tribales y escalofriantemente caníbales entre sí.

Personalmente, encuentro muy extraña toda esta fijación evangélica estadounidense sobre la inerrancia y sus amargas luchas internas, debido a que fuera de la subcultura evangélica estadounidense, entre las iglesias del globo, nadie considera a la inerrancia como *el* principal problema que separa a los buenos de los malos. En las partes del mundo evangélico donde he vivido y con las que he tenido contacto, la Biblia es apreciada, su verdad es confirmada, y su autoridad es observada por creyentes desde Albania hasta Zimbabue. Sin embargo, en contraste con los evangélicos conservadores de América del Norte, una definición engorrosa y estricta de la inerrancia jamás ha sido la característica central y determinante de la iglesia evangélica global. Para ser honesto, si tu iglesia está siendo perseguida, ya sea por comunistas o por el califato, no puedes darte el lujo de dividir denominaciones conforme a definiciones sutiles de la inerrancia. El contexto brinda claridad respecto a lo que es más importante en la fe, en la adoración, en el ministerio, en la vida y en la muerte.

Pensando sabiamente sobre la inerrancia bíblica

Cuando se trata de desarrollar un enfoque para definir cómo la Biblia es verdadera, si comenzamos con el testimonio que da la Escritura de sí misma, entonces vemos que la palabra de Dios es veraz en todo lo que afirma. En los Salmos, leemos cosas como "Las palabras del Señor son puras, son como la plata refinada, siete veces purificada en el crisol" (Salmo 12:6); "La ley del Señor es perfecta: infunde nuevo aliento. El mandato del Señor es digno de confianza" (19:7); y "La palabra del Señor es justa; fieles son todas sus obras" (Salmo 33:4). Según Juan, el Jesús mismo dijo: "La Escritura no puede ser quebrantada" (Juan 10:35), lo que quiere decir que la Escritura no puede ser inconsistente consigo misma. Juan de Patmos constantemente enfatizó que las palabras de su profecía son "verdaderas y dignas de confianza" (Apocalipsis 21:5; 22:6) porque provienen de Jesús, que es fiel, santo, justo y verdadero (Apocalipsis 3:7, 14; 15:3). El testimonio de la Palabra de Dios a sí misma es que la Escritura es un relato auténtico y autoritativo de todo lo que declara que ocurrió, de lo que es, y de lo que ha de ocurrir.

Para ser honesto, aquí debemos matizar las cosas con mucho cuidado o corremos el riesgo de realizar afirmaciones indefendibles acerca de la Escritura. Es importante enfatizar que la revelación de Dios en la Escritura está *adaptada* a la cosmovisión y expectativas de su audiencia original en cuestiones como la forma en que funciona el mundo físico, la comprensión de la historia, las nociones acerca de los géneros literarios y los estándares de lo que es decir la verdad. Dicho esto, la adaptación no se trata de ceder al error. Dios no habla erróneamente, ni nos da a comer nueces de verdad cubiertas por una cáscara de falsedad. Así que, por ejemplo, creo que el Evangelio de Lucas y Hechos de los Apóstoles son un relato confiable en dos volúmenes que da cuenta de Jesús y de la iglesia primitiva, escrito según los estándares de la precisión histórica que tanto el autor como los lectores conocían. Lucas-Hechos, como los eruditos suelen referirse a estos libros, es históricamente cierto dentro de los límites de lo que se hubiera esperado de una narrativa supuestamente histórica con objetivos teológicos claros y con un estilo retórico para mejorar el relato. En un mundo sin notas al pie, comillas o bibliografías, y que permitía cierto grado de licencia artística en la narración de la historia, podemos estar seguros de que Lucas es un historiador de primer orden.

Los teólogos cristianos normalmente han afirmado que la Escritura es inspirada, autorizada y veraz. El Pacto de Lausana (1974) declara una creencia compartida por los evangélicos de todo el mundo: "Afirmamos la inspiración divina, la veracidad y autoridad de las Escrituras del Antiguo y Nuevo Testamento en su totalidad como la única palabra escrita de Dios, sin error en todo lo que afirma, y la única regla infalible de fe y práctica".[8] De manera similar, de acuerdo con la Declaración de Chicago sobre Inerrancia Bíblica (1979): "La escritura, habiendo sido dada por inspiración de Dios, es infalible, de modo que, lejos de engañarnos, es veraz y confiable en todos los asuntos que aborda... La Sagrada Escritura en su totalidad es inerrante, siendo libre de toda falsedad, fraude o engaño".[9] Tales declaraciones por sí mismas están bien; el desafío es cómo uno las aplica a problemas particulares de historia, ciencia y literatura que la Biblia ocasionalmente nos lanza. Por lo tanto, si bien puedes hallar

---

8. Pacto de Lausana, §2.

9. DCIB, §11–12.

declaraciones complejas de fe que consideran la Escritura como "infalible" (no pueden errar) o "inerrante" (no erra) —y esto está muy bien—, no obstante, estas declaraciones, y sus afirmaciones acerca de la Escritura, pueden ser problemáticas si no brindan la ayuda necesaria para abordar de manera convincente las preguntas que surgen al leer la Biblia.

Estas preguntas pueden incluir cosas como "¿Por qué el Pentateuco se le atribuye a Moisés cuando muestra signos de haber sido compilado mucho después de Moisés?" o "¿Cómo combinamos la comprensión moderna de los orígenes del universo con Génesis 1?" o "¿Acaso el libro de Jonás es historia real o un tipo de parábola extendida?". Mi punto es que, *si* tu doctrina de la inerrancia significa que no puedes explicar por qué los evangelistas no están de acuerdo sobre los detalles de la entrada de Jesús a Jericó, *entonces* tu modelo de inerrancia no durará el invierno de sus propias peculiaridades o no sobrevivirá al verano de las preguntas sencillas. ¿Jesús sanó *un* ciego *saliendo* de Jericó (Marcos 10:46), o lo sanó *entrando* a Jericó (Lucas 18:35), o sanó a *dos* ciegos (Mateo 20:29-30)? ¿Puedes acaso abordar estos asuntos sin usar sugerencias fantasiosas como que Jesús sanó a un ciego camino a Jericó y dos ciegos saliendo de Jericó? ¿O podemos aceptar que los evangelistas se sintieron libres de corregir los detalles en la narración? Buscando definir la forma precisa en que la Escritura es verdadera, o no falsa, corres el riesgo de definirla tan ajustadamente, que la primera vez que encuentres algo en las Escrituras que parezca no encajar, terminarás teniendo que escoger entre una Biblia verdadera y una Biblia falsificada. La inerrancia no debería plantearse como una alternativa a la incredulidad. Como si nos preguntaran: ¿crees en: (a) la inerrancia bíblica con autoría mosaica del Pentateuco, una creación de seis días literales de veinticuatro horas, la existencia histórica de Jonás y Job, que todos los salmos fueron escritos por David, que los cuatro evangelios fueron escritos de forma independiente, que Pablo escribió Hebreos, y que el Libro de Apocalipsis debería interpretarse de un modo estrictamente literal; (b) un grupo de ateos, marxistas, liberales, secularizados, que odian a Cristo, blasfemos sacrílegos de la santa palabra de Dios? Créeme, existe una opción (c), la cual estoy tratando de exponer aquí. Sea como fuere, algunos están tratando de fortificar su propia doctrina de la Escritura con afirmaciones desnudas acerca de su veracidad y de cómo ella es verdadera, pero no se dan cuenta que pueden destrozar la confianza que otras personas tienen en la Biblia e incluso pueden hacer naufragar su fe.

Una sana doctrina de la Escritura, con una convincente y cuidadosa definición de la inerrancia, no debe negar las aparentes ambigüedades ni silenciar las preguntas mordaces de nadie. Existen incluso tipos de errores que uno puede aceptar si comprende la adaptación divina a las cosmovisiones antiguas y cómo funcionan los géneros literarios antiguos (como los evangelistas alterando la historia de Jesús sanando a un ciego en Jericó). Admitir tal hecho, de ninguna manera socava la veracidad y la autoridad de la Escritura. La inerrancia puede ser mantenida en la medida que tenga ciertas calificaciones, matices y explicaciones profundas. En dichas explicaciones afirmamos el fenómeno de la Escritura, los elementos divinos y humanos de la Escritura, la naturaleza progresiva de la revelación donde lo nuevo reemplaza a lo viejo y la adaptación de Dios a las cosmovisiones antiguas en la Escritura. En otras palabras, no puedes explicar la inerrancia o la infalibilidad usando descripciones breves, como respuestas en un examen de opciones múltiples. En cambio, necesitas un ensayo sobre Dios como Dios revelador, sobre el significado de la inspiración, y mucho más, a fin de explicar correctamente lo que se afirma y lo que no. Algunos pueden quejarse de que esto significa que la inerrancia o la infalibilidad mueren la muerte de las mil calificaciones. Bueno, tal vez, pero créeme, cualquier término complejo, ya sea "democracia" o "encarnación" va a necesitar capas de explicación para que el concepto sea adecuadamente entendido y no sea derribado como un argumento endeble. Algunas ideas en teología y religión son irreductiblemente complejas. Todo lo relacionado con afirmaciones de verdad y con la Biblia, obligatoriamente es así. Por lo tanto, cuando se trata de describir la infalibilidad y la inerrancia, si me preguntas, los libros más grandes son los mejores.

JESÚS SANANDO AL HOMBRE CIEGO/A LOS HOMBRES CIEGOS EN JERICÓ

Mateo 20:29-34	²⁹ Una gran multitud seguía a Jesús cuando él salía de Jericó con sus discípulos. ³⁰ Dos ciegos que estaban sentados junto al camino, al oír que pasaba Jesús, gritaron: —¡Señor, Hijo de David, ten compasión de nosotros! ³¹ La multitud los reprendía para que se callaran, pero ellos gritaban con más fuerza: —¡Señor, Hijo de David, ten compasión de nosotros! ³² Jesús se detuvo y los llamó. —¿Qué quieren que haga por ustedes? ³³ —Señor, queremos recibir la vista. ³⁴ Jesús se compadeció de ellos y les tocó los ojos. Al instante recobraron la vista y lo siguieron.

Marcos 10:46-52	⁴⁶ Después llegaron a Jericó. Más tarde, salió Jesús de la ciudad acompañado de sus discípulos y de una gran multitud. Un mendigo ciego llamado Bartimeo (el hijo de Timeo) estaba sentado junto al camino. ⁴⁷ Al oír que el que venía era Jesús de Nazaret, se puso a gritar: —¡Jesús, Hijo de David, ten compasión de mí! ⁴⁸ Muchos lo reprendían para que se callara, pero él se puso a gritar aún más: —¡Hijo de David, ten compasión de mí! ⁴⁹ Jesús se detuvo y dijo: —Llámenlo. Así que llamaron al ciego. —¡Ánimo! —le dijeron—. ¡Levántate! Te llama. ⁵⁰ Él, arrojando la capa, dio un salto y se acercó a Jesús. ⁵¹ —¿Qué quieres que haga por ti? —le preguntó. —Rabí, quiero ver —respondió el ciego. ⁵² —Puedes irte —le dijo Jesús—; tu fe te ha sanado. Al momento recobró la vista y empezó a seguir a Jesús por el camino.
Lucas 18:35-43	³⁵ Sucedió que al acercarse Jesús a Jericó, estaba un ciego sentado junto al camino pidiendo limosna. ³⁶ Cuando oyó a la multitud que pasaba, preguntó qué acontecía. ³⁷ —Jesús de Nazaret está pasando por aquí —le respondieron. ³⁸ —¡Jesús, Hijo de David, ten compasión de mí! —gritó el ciego. ³⁹ Los que iban delante lo reprendían para que se callara, pero él se puso a gritar aún más fuerte: —¡Hijo de David, ten compasión de mí! ⁴⁰ Jesús se detuvo y mandó que se lo trajeran. Cuando el ciego se acercó, le preguntó Jesús: ⁴¹ —¿Qué quieres que haga por ti? —Señor, quiero ver. ⁴² —¡Recibe la vista! —le dijo Jesús—. Tu fe te ha sanado. ⁴³ Al instante recobró la vista. Entonces, glorificando a Dios, comenzó a seguir a Jesús, y todos los que lo vieron daban alabanza a Dios.

¿Qué hace que la Biblia sea un libro verdadero?

¿Cuál es la base para creer en la Biblia como inspirada, infalible e inerrante? Bueno, "la Biblia misma lo dice" es uno de esos argumentos, pero esa es una forma notablemente circular de decirlo y no satisfará a mucha gente. Alternativamente, uno podría intentar probar la historicidad de la Biblia desde la edad de los patriarcas hasta el ministerio de los apóstoles, pero esta no es una estrategia segura, y puede generar más preguntas de las que resuelve.

Para mí, en última instancia, si la Escritura es la propia palabra de Dios, entonces su veracidad está salvaguardada, no por nuestros esfuerzos para armonizar cualquier aparente inconsistencia, ni por nuestros sofisticados argumentos para demostrar la ausencia de error. Más bien, la veracidad escritural es simplemente el resultado de la fidelidad de Dios.[10] Es decir, la veracidad de la Escritura está basada en la fidelidad de Dios a su propia palabra. Como era de esperarse, esto es precisamente lo que encontramos repetido en el Salmo 119 y en Apocalipsis 21-22: la palabra de Dios es veraz porque refleja la veracidad de Dios mismo.

Lo que hace que la Escritura nos resulte convincente es el testimonio del Espíritu Santo. Como dice la Confesión de Westminster: "Nuestra plena persuasión y seguridad de la verdad infalible y de la autoridad divina de la misma, proviene de la obra interior del Espíritu Santo dando testimonio mediante, y junto con, la Palabra en nuestros corazones".[11] Eso proviene de las propias palabras de Jesús de que el Espíritu Santo "los guiará a toda la verdad" (Juan 16:13). La Escritura es autenticada a través del testimonio del Espíritu de Dios que nos dice que podemos confiar en la palabra de Dios. La Biblia es la palabra de Dios, no porque tengamos "evidencia que exige un veredicto", ni porque algún concilio de la iglesia lo dijera, sino porque el Espíritu Santo da testimonio a nuestro espíritu de que estamos leyendo las verdaderas palabras de un Dios veraz en la Sagrada Escritura. Cualquier otra evidencia, ya sea de la apologética o de la teología histórica, es secundaria a la obra del Espíritu Santo en la autoría y la autenticación de la Escritura.

LECTURA RECOMENDADA

Inspiración

Marshall, I. Howard. *Biblical Inspiration*. Milton Keynes, Reino Unido: Paternoster, 2005.

McGowan, Andrew. *The Divine Authenticity of Scripture: Retrieving Evangelical Heritage*. Downers Grove, IL: InterVarsity Press, 2008.

Ward, Timothy. *Words of Life: Scripture as the Living and Active Word of God*. Downers Grove, IL: InterVarsity Press, 2014.

Inerrancia

Carson, D. A., ed. *The Enduring Authority of the Christian Scriptures*. Grand Rapids: Eerdmans, 2016.

Garrett, Stephen M., y James Merrick, eds. *Five Views of Biblical Inerrancy*. Grand Rapids: Zondervan, 2013.

---

10. Carl Trueman y Paul Helm, eds., The Trustworthiness of God: Perspectives on the Nature of Scripture (Grand Rapids: Eerdmans, 2002).

11. CFW §1.5.

3

LA ESCRITURA ES NORMATIVA, ESO NO ES NEGOCIABLE

Luego de haber visto en el capítulo anterior las ideas de la inspiración y de la veracidad bíblica, ahora nos avocaremos a examinar el tópico de la autoridad bíblica. En cierta forma este no es un tópico independiente, pues la autoridad de la Biblia se encuentra indeleblemente conectada a la creencia de que la misma ha sido dada por Dios y es completamente fidedigna. La Biblia es una palabra que viene de Dios y es verdadera y como tal tiene el peso de la autoridad divina. Sin embargo —y es aquí donde comienzan los debates—, ¿con qué precisión podemos decir que la Biblia es una autoridad y cómo se vive bajo tal autoridad? ¿Acaso la Biblia es homogéneamente autoritativa y, por lo tanto, cada una de sus partes es preceptiva? ¿Cómo separamos la autoridad de Dios, la autoridad bíblica y la autoridad del intérprete? Como veremos, la noción de la autoridad bíblica puede ser controvertida tanto en la teoría como en la práctica.

EL SIGNIFICADO DE LA AUTORIDAD BÍBLICA

Lo que divide al cristianismo tradicional, histórico y ortodoxo, del cristianismo liberal y progresista no se basa en si se está a favor o en contra de la inerrancia. El verdadero asunto se encuentra en si acaso la Biblia es preceptiva para la fe cristiana o no. Para muchos cristianos liberales e iglesias progresistas, la Biblia para nada es **normativa**; en cambio, este punto siempre es **negociable**. En la mayoría de las principales iglesias, la Biblia no es definitiva para la vida religiosa; cada enseñanza de la misma está abierta a debate, negociación o modificación. Muchos de los cristianos de estas iglesias piensan que tratar la Biblia como autoritativa sería equivalente a unirse a un movimiento fundamentalista o a tener un "Papa de papel" —dos cosas que les genera repugnancia. En algunos casos, puedo comprender a qué le temen o qué les causa alergia, pero es difícil considerar esta actitud como algo que no sea, lisa y llanamente, una negación de la autoridad divina operando a través de la Escritura. En muchas iglesias actuales y, según consideran muchos teólogos contemporáneos, la Biblia, cuando mucho, provee material para ciertos proyectos sociopolíticos que se estén llevando a cabo.

La autoridad de la Escritura es un tema clave para la iglesia cristiana en esta y en todas las épocas. Aquellos que profesan fe en Jesucristo como Señor y Salvador son llamados a mostrar la veracidad de su discipulado a través de la obediencia humilde y fiel a la Palabra escrita de Dios. El desviarse de la Escritura, ya sea en fe o en conducta, es ser desleales a nuestro Maestro. El reconocimiento de la verdad absoluta y de la confiabilidad de las Santas Escrituras es esencial para una comprensión plena y una confesión adecuada de su autoridad.

—*Declaración de Chicago sobre la Inerrancia Bíblica, prefacio.*

Esto no es un invento mío, así que permítanme probárselos haciendo referencia a un tweet del Seminario Unión. Unión es uno de los principales seminarios de la Ciudad de Nueva York, cuya cuenta de Twitter ha publicado una serie de comentarios provocativos acerca del rol de la Biblia en el cristianismo. De acuerdo con el Seminario Unión: "A pesar de que es inspirada por Dios, negamos que la Biblia sea inerrante o infalible. Fue escrita por hombres durante siglos y, por ende, refleja tanto la verdad de Dios como el pecado y el prejuicio humano. Sostenemos que la erudición bíblica, junto con la teoría crítica, nos ayudan a discernir qué mensajes son de Dios".[1] Para quienes no hablen el lenguaje del progresismo, permítanme que lo traduzca:

La Biblia tiene algunas partes que genuinamente vienen de Dios y otras que representan el fanatismo y el prejuicio humano. Gracias a la invención de la "teoría crítica" (un acercamiento literario posmoderno que enseña que todas las afirmaciones acerca de la verdad son en realidad afán de poder, y que toda persona puede catalogarse

---

1. @UnionSeminary, septiembre 6, 2018, https://twitter.com/unionseminary/status/1037346517 936472070?lang=en.

como "opresor" o como "oprimido") podemos identificar tanto las partes divinas de la Biblia como las partes opresivas que son producto de la maldad capitalista, patriarcal, heteronormativa, racista, zionista y ultraderechista. Nadie en la iglesia fue capaz de hacer esto antes que nosotros, pues las iglesias de las edades anteriores estaban llenas de hombres blancos cisgénero insidiosamente malvados, así que nosotros somos las personas que la iglesia siempre ha estado esperando. Solo nosotros tenemos la perspectiva progresista privilegiada para mostrarle a todo el mundo qué partes de la Biblia verdaderamente provienen de Dios.

Sorprendentemente, las partes de la Biblia que provienen de Dios, resultan ajustarse a la perfección con las posiciones políticamente progresistas en temas como el clima, inmigración, socialismo, género, sistemas de salud, aborto, libertad religiosa, educación, opiniones geopolíticas acerca de la Unión Europea y de las Naciones Unidas, e inversiones militares. ¡Que maravillosa coincidencia!

¡No hay nada nuevo bajo el sol! (Eclesiastés 1:9). Marción, el archihereje del segundo siglo, despojó la Biblia de todo lo que era judío, Thomas Jefferson removió de ella todos los milagros, y ahora el Seminario Unión lanza al basurero "del pecado y del prejuicio humano" todas las partes que no son progresistas. Como pueden apreciar ahora, aquellos que vivimos fuera del entorno del evangelicalismo norteamericano, ciertamente no podemos preocuparnos en debates tribales del tipo "yo soy más inerrantista que tú", cuando vemos que la verdadera amenaza son iglesias y líderes que piensan que la Biblia es una suerte de cadáver religioso que necesita que sus órganos progresistas sean quirúrgicamente removidos de su cuerpo. No me preocupa en lo más mínimo que alguien prefiera la inerrancia "blanda" antes que la inerrancia "dura"; me inquieta mucho más que mi iglesia y mis estudiantes sean seducidos por una visión de la Escritura que implique que Dios habla solamente en las partes donde la Biblia coincide con una ideología política particular, sea esta la política de identidad de la izquierda radical o la sincrética mezcla de nacionalismo y religión civil de la derecha religiosa. No quiero que mis estudiantes ni mis amigos de la iglesia terminen tratando la Biblia como un texto espiritual anticuado que puede usarse como capital religioso para cualquier proyecto social o político que ellos apoyen.

Uno de los mayores desafíos que tiene la iglesia actual no es la erosión de la inerrancia entre los cristianos *millennials*; peor aún, es si acaso la Biblia es autoritativa en absoluto. Lo único que el tweet del Seminario Unión hace resurgir es el tema de si la Biblia es verdaderamente autoritativa para nuestra fe, nuestra vida eclesial y nuestra ética o, en cambio, su visión para nuestra vida de fe es negociable. Yo diría que el verdadero *enfoque evangélico* es tratar la Biblia como la palabra de Dios; una palabra que es autoritativa, normativa, y que debe ser obedecida. Nosotros, los cristianos evangélicos, deberíamos conservar esta idea de la autoridad bíblica como la piedra fundamental de una doctrina sana de la Escritura, en lugar de invertir todo nuestro capital teológico en una definición pedante de cómo la Biblia no es falsa. Como escribió John Stott, "El sello distintivo del evangelicalismo auténtico no es la suscripción sino la sumisión. Es decir, no se trata de suscribir a una fórmula impecable acerca de la Biblia, sino de vivir en sumisión práctica a lo que esta enseña, incluyendo una resolución anticipada a someterse a lo que sea que en el futuro se muestre que ella enseña"[2] ¡Amén a eso!

Lo que quiero hacer a continuación es mostrar por qué considerar la Biblia como autoritativa es algo complicado y desafiante. Luego, me dedicaré a mostrar de qué manera podemos seguir manteniendo una interpretación matizada de la autoridad.

EL DESAFÍO DE LA AUTORIDAD BÍBLICA PARA EL SIGLO VEINTIUNO

Por qué la autoridad bíblica no es algo sencillo

Ha pasado mucho tiempo desde la última vez que vi una pegatina para automóviles que diga: "La Biblia lo dice y yo lo creo. ¡Fin del asunto!", aunque todavía existen personas que las siguen usando. Para muchos cristianos, la Biblia sencillamente es la palabra de Dios; esta palabra nos da ejemplos a seguir y mandamientos que obedecer, por lo que toda la Biblia es *preceptiva* y *autoritativa*. Se supone que debemos obedecerla, vivirla, seguir sus enseñanzas y caminar junto a ella. Pareciera ser sencillo, pero lamentablemente existen muchos problemas con esta interpretación. Consideremos los siguientes textos bíblicos.

---

2. John Stott, Evangelical Truth: A Personal Plea for Unity, Integrity, and Faithfulness (Downers Grove, IL: InterVarsity Press, 1999), 73–74.

Uno de los desafíos de utilizar la Biblia para la ética es saber identificar cuándo un valor se encuentra vinculado a la cultura y cuándo es permanente.

Karen R. Keen, Scripture, Ethics, and the Possibility of
Same-Sex Relationships (Grand Rapids: Eerdmans, 2018), xx.

La mayoría de las personas que conozco están horrorizadas de que el grupo yihadista ISIS tome cautivas a mujeres cristianas yazidíes para someterlas como esclavas sexuales. Pero, ¿sabían acaso que el Antiguo Testamento prescribe una práctica similar cuando se trata de conquistar una ciudad o territorio? Si un hombre israelita toma cautiva a una mujer extranjera luego de una batalla intertribal, existe un período de gracia en el que ella puede estar de luto por la desolación de su hogar y el cruento asesinato de su familia, pero luego de dicho período, ella está disponible para ser tomada como una suerte de "esposa".

> Cuando salgas a la guerra contra tus enemigos, y el Señor tu Dios los entregue en tus manos y los hagas prisioneros, si ves entre las cautivas alguna mujer hermosa que te atraiga, podrás tomarla por esposa. La llevarás a tu casa y harás que se rape la cabeza, se corte las uñas y se deshaga de su ropa de cautiva. Después de que haya vivido en tu casa y guardado luto por su padre y su madre durante todo un mes, podrás unirte a ella y serán marido y mujer. Pero, si no resulta de tu agrado, la dejarás ir adonde ella lo desee. No deberás venderla ni tratarla como esclava, puesto que la habrás deshonrado. (Deuteronomio 21:10-14).

Acaso, ¿podrías imaginarte una víctima de violación siendo forzada a casarse con su violador? Sin embargo, eso es lo que explícitamente ordena la Santa Escritura:

> Si un hombre se encuentra casualmente con una joven virgen que no esté comprometida para casarse, y la obliga a acostarse con él, y son sorprendidos, el hombre le pagará al padre de la joven cincuenta monedas de plata, y además se casará con la joven por haberla deshonrado. En toda su vida no podrá divorciarse de ella (Deuteronomio 22:28-29).

También podemos identificar algunos mandamientos realmente raros, tales como "No te vistas con ropa de lana mezclada con lino" (Deuteronomio 22:11), "No cocerás ningún cabrito en la leche de su madre" (Éxodo 23:29) y "No se corten el cabello en redondo ni se despunten la barba" (Levítico 19:27). Nadie, excepto tal vez un judío ortodoxo, podría pensar en obedecer estos mandamientos en la actualidad. La mayoría de los cristianos que conozco usan vestimenta híbrida y comen, ya sea hamburguesas con queso o curry de cabra cocida a la crema, y la mayor parte de los hombres que conozco tienden a cortarse el cabello bien corto a los lados. Aquí tenemos un ejemplo incluso más extraño: si un hombre sospecha que su esposa está manteniendo una relación adúltera pero no puede probarlo, la Biblia ordena que la mujer sea llevada por su marido ante el sacerdote para ser probada. El sacerdote tomaría un poco de polvo del suelo del tabernáculo, lo mezclaría con agua, y posteriormente obligaría a la esposa a que lo bebiera. Ahora bien, si la mezcla no enfermaba a la mujer, ella debía ser declarada inocente, pero si su estómago se hinchaba y le generaba dolores, entonces ella debía ser declarada culpable de adulterio (Números 5:11-31).

Incluso el Nuevo Testamento no está exento de algunos precedentes extraños y mandamientos raros. Los apóstoles echaron suertes para hallar a quien reemplazaría a Judas Iscariote, no es algo que yo recomendaría hacer a las iglesias para decidir entre los distintos candidatos para una posición pastoral (Hechos 1:26). Pablo puede decir: "Todo hombre que ora o profetiza con la cabeza cubierta deshonra al que es su cabeza. En cambio, toda mujer que ora o profetiza con la cabeza descubierta deshonra al que es su cabeza; es como si estuviera rasurada". Tal mandamiento tiene sus raíces en la creación, pues "El hombre no debe cubrirse la cabeza, ya que él es imagen y gloria de Dios, mientras que la mujer es gloria del hombre. De hecho, el hombre no procede de la mujer, sino la mujer del hombre". Pablo incluso argumenta que esto es practicado universalmente en todas las iglesias que conoce: "Si alguien insiste en discutir este asunto, tenga en cuenta que nosotros no tenemos otra costumbre, ni tampoco las iglesias de Dios" (1 Corintios 11:4-8, 16). Finalmente, Pedro también ordena a los esclavos que obedezcan a sus amos, incluso a los que eran insoportables, es decir, los que los golpeaban, los usaban sexualmente o vendían a sus hijos a los burdeles (1 Pedro 2:18).

Pongámonos por un momento en la posición de un *millennial* sin iglesia. Si leyeras este material por primera vez, ¿pensarías acaso que la Biblia es: (a) un libro de consulta para los valores familiares y (b) la voluntad de Dios para ser obedecida en todo tiempo? ¡Probablemente no! La Biblia es un texto sagrado que ordena genocidios, autoriza la esclavitud, permite la explotación sexual de esclavos, y habilita el patriarcado y la poligamia. Algunos pensarán también que es arbitrario que los cristianos no obedezcan al mandamiento Levítico de abstenerse de comer cerdo y tocino (Levítico11:7) pero continúen creyendo que en la actualidad debería mantenerse vigente la prohibición Levítica referente a la homosexualidad (Levítico 18:22). Ante esto, la frase "La Biblia lo dice y yo lo creo. ¡Fin del asunto!", se encuentra entre lo groseramente ingenuo, lo definitivamente impracticable y lo afirmativamente horrible de imaginar.

En este punto, uno podría decir que la Biblia es tan extraña, tan distante, tan rara, y tan moralmente reprensible a nuestras susceptibilidades, que no es autoritativa y no es posible que lo sea. Para librarnos de obedecer las cosas que encontramos irrelevantes y repulsivas en la Biblia, existen algunas opciones desde donde podemos elegir:

1. Deshacernos del Antiguo Testamento por completo, y listo, la mayoría de los problemas desaparecen. Pero no, no podemos hacer esto, pues Jesús y los apóstoles confirmaron el Antiguo Testamento. Además, no podemos olvidar que el Antiguo Testamento es un componente esencial en nuestro relato de Dios y de la fe cristiana.

2. Dividir las leyes del Antiguo Testamento en componente civil, ceremonial y moral, con los aspectos civil y ceremonial cumplidos por Cristo, y la ley moral, representada por los Diez Mandamientos, permaneciendo plenamente efectiva. ¡Es una gran forma de esquivar algunas de las cosas extrañas que tiene el Antiguo Testamento! Pero tampoco servirá. La ley es la ley, una unidad indisoluble; no puede ser cuidadosamente dividida en categorías artificiales mientras se ignoran disparatadamente algunas de sus partes. Además, existen un montón de leyes morales aparte de los Diez Mandamientos que son confirmadas en el Nuevo Testamento.

3. Interpretar las partes perturbadoras y extrañas de la Biblia de manera espiritual o alegórica. Nuevamente, no: a pesar de que la Escritura puede tener un sentido espiritual profundo, esta es una salida engañosa que trata de evitar el problema utilizando un truco interpretativo.

4. Dejar de lado toda noción de autoridad y usar la Biblia como requieran nuestros intereses. Es decir, usarla como una herramienta que sirva, por ejemplo, para terminar con el tráfico humano y luchar contra la pobreza, o como una guía (aunque no como un libro de

reglas) de cómo organizar una comunidad religiosa. Esta opción es atractiva para muchos, pero no: la palabra de Dios es una lámpara y una guía para nuestros pies; no es un bufet de ideas religiosas de donde uno pueda escoger.

¿Qué haremos entonces? Es problemático considerar toda la Biblia como *directamente* autoritativa e *inmediatamente* aplicable. Por lo tanto, si hemos de sostener la autoridad de la Biblia, necesitaremos entender lo suficiente acerca de cómo funciona la autoridad bíblica cuando se tratan las partes más problemáticas de la Escritura. Mi próxima tarea será explicar cómo hacerlo.

POR QUÉ LA BIBLIA NO SIEMPRE ES AUTORITATIVA

Existen ciertos factores clave que nos ayudan a negociar las partes difíciles de la Escritura sin rechazar la autoridad bíblica. Seré honesto, no les prometeré que estos factores resolverán todo problema histórico, canónico y moral, sin embargo, puedo decirles que nos ayudarán a entender que, aunque la Biblia ciertamente es autoritativa, **no todo en la Biblia es autoritativo para nosotros**. Lo que haré será argumentar lo siguiente: (1) necesitamos distinguir entre lo que es preceptivo y lo que es descriptivo; (2) muchos mandamientos bíblicos no son aplicables a nosotros; (3) la Biblia frecuentemente ofrece realidades cruentas y no situaciones ideales; (4) es necesario que todos los mandamientos bíblicos sean considerados a la luz de la naturaleza progresiva de la revelación divina; (5) debemos reconocer la suprema e inigualable autoridad de Jesús y; (6) las doctrinas de la iglesia pueden ser comprendidas como sujetas a revisión a medida que la iglesia busca persistentemente la sabiduría de Dios en asuntos de fe y práctica.

Distinguiendo lo que es preceptivo de lo que es descriptivo

La Biblia, frecuentemente, describe cosas que ocurrieron pero que nunca fueron pensadas para que nosotros las replicáramos —de hecho, a veces es claro que incluso el narrador no considera buena idea replicarlas siquiera en su tiempo. Realmente no recomiendo embellecer a tu esposa y entregarla a un gobernante local para salvar tu pellejo como lo hizo Abraham con Sara (Génesis 12:11-20). Jefté el galaadita, uno de los jueces de Israel, juró estúpidamente a Dios que, si el Señor lo ayudaba a derrotar a los

Amonitas, cuando hubiera regresado a su hogar, mataría, a manera de holocausto, a quien se cruzara en su camino; tristemente, la que salió a su encuentro fue su hija, y la historia no terminó bien para ella (Jueces 11:30-40). Tampoco creo que debamos tratar de curar la vista de las personas poniendo saliva en sus ojos como hizo Jesús, pues aquel fue un evento único dentro del ministerio único del Señor (Marcos 8:23-26). Así que recuerden esto: algunas partes de la Biblia no son normativas y nunca fueron pensadas para ser repetidas.

Entendamos que muchos mandamientos de la Biblia no son relevantes para nosotros

Algunas partes de la Biblia trataban con un problema específico y, por lo tanto, no son aplicables directamente a nuestra situación. Si leemos Hechos 15, notaremos que el decreto apostólico del Concilio de Jerusalén da a los creyentes gentiles la siguiente instrucción: "abstenerse de lo sacrificado a los ídolos, de sangre, de la carne de animales estrangulados y de la inmoralidad sexual. Bien harán ustedes si evitan estas cosas" (Hechos 15:29). A partir de esto, uno podría inferir —e incluso he escuchado a predicadores decirlo— que los cristianos no pueden comer su filete medio crudo, es decir, con sangre todavía en él, pues estarían violando el decreto apostólico. Sin embargo, debemos recordar que el Concilio de Jerusalén buscaba establecer un consenso acerca de si los gentiles debían circuncidarse y convertirse al judaísmo para formar parte de la iglesia. El veredicto del Concilio de Jerusalén —luego de escuchar el testimonio de Pedro y gracias a la reflexión de Santiago— determinó que los gentiles no debían ser circuncidados para ser seguidores de Jesús. A pesar de esto, con el fin de aplacar a la facción de la iglesia de Jerusalén que miraba con sospecha todo lo que hacían los gentiles, el decreto apostólico solicitó a los creyentes gentiles que se abstuvieran de las desviaciones sexuales y de toda comida relacionada con la adoración de ídolos. El punto no era abstenerse de la sangre debido a que estuviera mal comerla, sino en el modo en que la sangre era usada en los rituales y sacrificios paganos. Así que siéntanse libres de ir a su asador favorito, ordenar un filete medio crudo y comerlo para la gloria de Dios. No debido a que uno esté jugando con los mandamientos divinos, sino porque no todos los mandamientos son igualmente válidos a lo largo de la historia redentora. Lo que deberíamos recordar es que algunas partes de la Biblia fueron autoritativas en aquel entonces, pero puesto que vivimos en un contexto distinto, y bajo un pacto diferente, hoy día no son aplicables a nosotros.

Entendamos que las historias y los mandamientos Bíblicos tratan con realidades duras y no necesariamente con situaciones ideales

Por un lado, existe el mundo como nos gustaría que fuera, y por otro lado está el mundo como realmente es. En un mundo ideal, las mujeres jamás serían víctimas de sexismo, las personas de color jamás experimentarían el racismo, y los políticos serían honestos y transparentes. Sin embargo, el mundo no es el ideal; el mundo real es frío, brutal y oscuro. O, en palabras de Amós y Pablo, "Los días son malos" (Amós 5:13; Efesios 5:16). Debido a esto, debemos lidiar con un mundo donde las mujeres son víctimas de abuso y discriminación, donde existe el racismo y donde la corrupción es moneda corriente. Podemos exponer la injusticia y luchar por un cambio, pero en el ínterin, debemos ser astutos y hacer lo que debemos hacer para soportar la calamidad y trabajar por un mundo mejor. Jesús nos enseñó a orar, "[Señor]... líbranos del mal" (Mateo 6:13 LBLA), pero cuando el mal llega, nos enseñó, "sean astutos como serpientes y sencillos como palomas" (Mateo 10:16), y "Y el que nada tenga, que venda su manto y compre una espada" (Lucas 22:36). A veces, los buenos se visten de gris, a veces debemos vivir con ambigüedad moral, a veces las alternativas no son negras o blancas, e incluso, a veces, el hacer lo correcto es simplemente escoger la opción menos fea.

De manera similar, la Biblia trata con el mundo tal cual es; en su crueldad y su caos moral. Un mundo con guerras tribales, merodeadores, jueces que aceptan sobornos, hambrunas, imperios extranjeros, religiones paganas, esclavitud, maldiciones, infanticidios, explotación y patriarcado. Afortunadamente, Dios habló su palabra tanto al contexto del antiguo Oriente Próximo como al Greco-Romano del Mediterráneo; una palabra llena de gracia que lidió con las realidades duras de la existencia humana, y alivió la miseria de muchos. Con todo, a pesar de que la palabra divina mejoró las cosas, no siempre las hizo perfectas de forma inmediata. La Biblia habla a un mundo que está arruinado, y los decretos de Dios para dicho mundo no solucionan todos los problemas instantáneamente. Como tales, los mandatos Bíblicos no siempre operaron dentro del contexto de una situación ideal; de todas formas, los mismos fueron oportunos para el ambiente en el que vivía el pueblo de Dios en aquel momento. Los mandamientos de Dios a los israelitas acerca de la guerra, los esclavos, las mujeres y la justicia, hicieron las cosas notablemente mejores de lo que estaban, pero no exactamente perfectas si son juzgadas a partir de los estándares del Nuevo Testamento o de la Declaración Universal de Derechos Humanos.

Permítanme explicarlo del siguiente modo. En el mundo ideal de Dios, las espadas se convierten en arados. Pero en el mundo despiadado de Canaán, un milenio antes de Cristo, las instrucciones de Dios dijeron al pueblo lo que debían hacer para sobrevivir si iban a la guerra con los Amonitas, cómo debían tratar a los sobrevivientes, cómo debían realizar un acuerdo con un pueblo extranjero, qué debían hacer para impedir que su cultura y su religión fueran contaminadas por ideas extranjeras, cómo debían tratar a alguien que cometía asesinato, etc. Mucho de lo que hallamos en la Biblia, especialmente en el Antiguo Testamento, no es ideal, al menos no lo es si se juzga desde la perspectiva del Nuevo Testamento. Esto fue un programa de supervivencia de emergencia y un intento por mejorar una situación terrible y traumática. El Antiguo Testamento transmite el implacable realismo del pueblo de Dios tratando de sobrevivir en el mundo antiguo y lidiando con un mundo que tenía una visión particular de la masculinidad, del parentesco, de los deberes morales, y del orden social. Cuando leemos los textos concernientes a la guerra —incluyendo las diatribas retóricas de no mostrar "piedad" a las tribus hostiles y la permisividad de secuestrar mujeres— debemos imaginarnos a Dios colocándose un traje de protección de materiales peligrosos mientras conduce a Israel a través del pantano tóxico de la maldad humana, guiándolos, poco a poco, hacia una mejor forma de ser humanos. Deberíamos leer los mandamientos del Antiguo Testamento y sus historias acerca de la guerra sabiendo que la misma ocurrió por un propósito particular, en un momento particular y en un lugar particular, pero que ella no era lo ideal. La guerra fue lamentable y repugnante, pero algo mejor estaba por llegar.[3]

Afortunadamente para nosotros, Jesús ha venido y no solo ha traído consigo los propósitos verdaderos de Dios para nuestro mundo, sino que además ha dado inicio al nuevo mundo, el reino de Dios, en el cual el amor y la bondad de Dios derrotan todo mal y un día harán todas las cosas nuevas. Desde nuestro lugar, ya habiendo ocurrido la Pascua y Pentecostés, tenemos la enseñanza de Jesús como algo no solo ideal, sino también destinado a ser real en nuestra fe y nuestra vida, y que nuevamente se vuelve realidad mientras vivimos en nuestro complejo mundo del siglo veintiuno. Escribo este párrafo durante el pico de casos de COVID-19, y mientras las iglesias están ocupadas discerniendo dentro de sus consciencias cómo "practicar la justicia, amar la misericordia, y humillarte ante tu Dios" (Miqueas 6:8) y cómo "amar los unos a los otros" como ordenó Jesús (Juan 13:34-35). Ha sido una tarea ardua, se los puedo asegurar. En este sentido, una tarea urgente para la iglesia actual es pensar constantemente

---

3. Aquí estoy en deuda con William J. Webb y Gordon K. Oeste, *Bloody, Brutal, and Barbaric: Wrestling with Troubling War Texts* (Downers Grove, IL:InterVarsity Press, 2019).

cómo podemos, en el nombre de Cristo, utilizar los recursos de nuestra fe, nuestras Escrituras y nuestras tradiciones para, junto con la ciencia, la medicina, la justicia común y la experiencia humana compartida, hacer del mundo un lugar mejor. No estamos tratando de construir una suerte de utopía secular que tenga una iglesia en la esquina. Nuestro proyecto es el reino de Dios, y sin embargo es Dios, y solo Dios, quien acompaña y da inicio a su reino, pues este reino es algo que jamás podremos fabricar por nuestra cuenta. A pesar de todo, podemos construir *para* el reino dirigiéndonos al mundo con el mensaje de Dios de justicia y amor, con su ofrecimiento de perdón y reconciliación y con la compasión de Cristo. Al mismo tiempo, podemos usar las nociones bíblicas de justicia, equidad y caridad para llevar a nuestros amigos hacia su verdadera identidad como portadores de la imagen de Dios. Es haciendo esto, con fidelidad e integridad, y buscando el favor de Dios y de nuestro prójimo, que claramente nos colocamos bajo la autoridad de Dios, de las Santas Escrituras y de las enseñanzas de Jesucristo.

Interpretar la Biblia a la luz de la revelación progresiva

Una regla interpretativa que debemos recordar es que la revelación de Dios en Cristo es el clímax de su revelación a nosotros y representa el relato definitivo del propósito de Dios para nosotros. Esto no significa que todo lo anterior a Cristo debe ser relativizado o considerado redundante, sino que cada cosa debe ser examinada a la luz del propósito continuo de Dios para su pueblo.

Así que, por un lado, la poligamia fue tolerada y regulada en el Antiguo Testamento, en gran medida debido a una necesidad práctica. La poligamia era una forma de preservar la pureza tribal, de crear alianzas familiares y militares, y de maximizar la reproducción durante una época donde los índices de mortalidad eran altos. De todas formas, y como era de esperar, en la mayoría de los casos, la poligamia terminó muy mal para quienes la practicaron, como sucedió en los casos de Abraham, Jacob y Salomón. Por otro lado, el ideal detallado en Génesis es que el matrimonio debería ser construido en el contexto de una relación marido-mujer (Génesis 2:24), lo cual Jesús ratificó poniendo énfasis en que el matrimonio es excluyente de cualquier otra relación (Mateo 19:5-6), y que Pablo consolidó enseñando que el matrimonio se compone de un hombre y una mujer (Efesios 5:31-33; 1 Timoteo 3:2). Esto significa que no puedes leer Génesis 16 —donde Sara insta a Abraham a que tome a Agar como su concubina— y decirte a ti mismo: "Bueno, Abraham tuvo más de una mujer. Yo soy hijo de

Abraham. Así que agreguemos un nuevo miembro a este matrimonio", y luego, iniciar sesión en Tinder mientras buscas en línea una cama *king size*. Lo siento, pero no es así. La poligamia pudo haber sido normal para los nómadas tribales que Dios escogió para comenzar su proyecto de rescate, pero no es el ideal, y tanto Jesús como Pablo dieron detalles de la palabra definitiva de Dios respecto al matrimonio: se trata de un show de solo dos personas, un hombre y una mujer.

Los cristianos también debemos entender que la Ley de Moisés nunca fue pensada como una serie de mandamientos divinos, eternos e inmodificables, que siempre debían ser obedecidos. En cambio, el pacto Mosaico fue una gestión temporaria de la gracia de Dios para gobernar sobre Israel, cuya finalidad era proteger a Israel con las promesas de Dios hasta que llegara la simiente mesiánica prometida. La Ley enseñó a los israelitas acerca de la santidad de Dios y de la severidad del pecado, así como también profundizó su capacidad de adorar a Dios en medio de un ambiente pagano. La Ley apuntaba hacia la futura llegada del libertador mesiánico y servía para preparar a Israel en su papel de expandir la salvación al mundo. La Ley era parte del andamiaje que servía para mantener las cosas temporalmente en orden, rectas y estables; siempre apuntando hacia un mundo futuro. Pero cuando el futuro llegó, el andamiaje ya no era necesario, pues el nuevo edificio ya había sido terminado.

Si bien la cuestión acerca de la validez de la Ley de Moisés divide a los cristianos, yo argumentaría que la Ley Mosaica, incluso si es resumida en los Diez Mandamientos, *no conforma* el sumario definitivo de la ética cristiana. En cambio, el contenido de la ética cristiana es la enseñanza de Jesús, su ejemplo, y la vida en el Espíritu. La Ley continúa siendo relevante en muchas formas, pero no como un conjunto de leyes que deben ser obedecidas como tales; antes bien, la Ley continúa siendo relevante como una forma de sabiduría para la vida cristiana, y como testigo profético de Cristo. En otras palabras, la Ley es más un consultor para la ética que un código de ética *per se*.[4]

Así que, cuando nos enfrentemos a textos problemáticos que involucren temas como la poligamia o la prohibición de comer cerdo, debemos preguntarnos si los mismos han sido sustituidos por algo mejor dentro de la revelación progresiva de Dios. Deberíamos reconocer que la Ley Mosaica no es la base fundamental de la ética cristiana, a pesar de que

---

4. Ver Brian S. Rosner, *Paul and the Law: Keeping the Commandments of God* (Downers Grove, IL: InterVarsity Press, 2013).

continúa siendo una forma de sabiduría para la vida cristiana. La autoridad bíblica debe ser entendida a la luz de la revelación progresiva de Dios, cuyo clímax se encuentra en Jesús y en las enseñanzas de los apóstoles. Lo llamamos *Antiguo* Testamento por una razón. Deben notar que no lo llamé *Asqueroso* Testamento o *Muy Antiguo y Extrañamente Judío* Testamento. El *Antiguo* fue bueno, y tiene su lugar y su propósito, pero fue suplantado por el *Nuevo*, incluso cuando el *Nuevo* reafirma mucho del *Antiguo*.

Reconocer la autoridad inigualable de Jesús

Toda la Escritura es autoritativa. Sin embargo, las enseñanzas de Jesús deben ser asociadas con una autoridad especial. No debería sorprendernos que los padres apostólicos y los apologistas del segundo siglo citaran más de los Evangelios que de cualquier otra parte de la Escritura. Las iglesias primitivas estaban conformadas por "cristianos de letras rojas", quienes citaban frecuentemente las palabras de Jesús como argumento principal para cualquier apelación teológica y exhortación moral. Los primeros teólogos de la iglesia tomaron su principal ímpetu teológico de las palabras del Señor Jesús, como están referidas en los Evangelios.

Soy muy consciente de que esto puede interpretarse de un modo muy irresponsable que coloque a Jesús contra la Biblia. Como diciendo, "A quién le importa lo que diga aquel cruel e inmisericorde Dios del Antiguo Testamento —¡tenemos a Jesús!" o "A quién le importa lo que parlotee un misógino y homofóbico como Pablo —¡tenemos a Jesús!". No, esto es una afrenta a Jesús, el cual confirmó la autoridad permanente de las Escrituras de Israel, autorizó a los apóstoles, vive y reina a través de su iglesia, y dio a sus discípulos las llaves del reino para "atar" y "desatar" según el Espíritu les indicaba (ver Mateo 16:19; 18:18; Juan 20:23).

En cambio, deberíamos leer el Antiguo Testamento del modo en que Jesús nos enseñó: centrándolo en su vida, obra y enseñanza (Lucas 24:44-45). Siempre, en cualquier tópico, deberíamos darle especial precedencia a la enseñanza de Jesús, pues, su palabra es la que finalmente decide respecto de la verdad, el amor y el camino de justicia. La mejor pista acerca de lo que es autoritativo y aplicable debería provenir de las enseñanzas del Señor Jesús (continuaremos con este tema en el capítulo 7).

Revisar la doctrina como lo requiere la revelación

En ningún punto de la tradición cristiana ha concluido o se ha detenido la tarea teológica; siempre está en construcción, mientras la iglesia lucha por conocer su propia mente y presta atención a las Escrituras, lucha con su tradición, observa la naturaleza, reflexiona sobre su experiencia, y habla de modo relevante en medio de sus culturas nativas. La doctrina de la Trinidad y la ética que prohíbe la esclavitud son ejemplos claros de cómo la teología cristiana se ha desarrollado.

La Trinidad no se enseña explícitamente en la Biblia, pues es un concepto bíblico que surgió de los padres de la iglesia con el fin de permitir que las iglesias dieran sentido a lo que la Biblia dice acerca de Dios, y lo que ella da a entender acerca de las relaciones entre las personas divinas. La Trinidad es la manera en que explicamos que el Padre es Dios, que Jesús es Dios, y que el Espíritu es Dios. Además, con ella explicamos que solo hay un Dios y no tres, y que otras soluciones como el modalismo (un dios con tres caras) y el subordinacionismo (el Hijo y el Espíritu son divinidades inferiores al Padre) no son explicaciones coherentes acerca de Dios según muestra la Escritura, la adoración y la experiencia. La doctrina de la Trinidad se desarrolló (por necesidad) a partir de la reflexión de la iglesia acerca de las Escrituras, pero fue un proceso que llevó tiempo.

¿QUÉ ES LA TRINIDAD?

Según la Confesión de fe de Westminster: "En la unidad de la Deidad hay tres Personas de una misma sustancia, poder y eternidad: Dios el Padre, Dios el Hijo y Dios el Espíritu Santo. El Padre es de nadie, ni engendrado ni procede; el Hijo es eternamente engendrado del Padre; el Espíritu Santo eternamente procede del Padre y del Hijo" (CFW 2.3), y la Trinidad es bíblica en el sentido que la consideramos como una "buena y necesaria consecuencia que puede ser deducida a partir de la Escritura" (CFW 1.6).

La Biblia asume un mundo donde existe la esclavitud, donde es algo normal aun siendo lamentable. En la Biblia podemos encontrar exhortaciones dirigidas a esclavos acerca de cómo deben lidiar con sus circunstancias difíciles, encontraremos censuras al trato abusivo contra los esclavos, pero no hallaremos en ella un llamado explícito a la emancipación de todos los esclavos. Sin embargo, si uno considera cómo la doctrina de la imagen de Dios puede generar nociones acerca de los derechos humanos (Génesis 1:26-27; 9:6); si uno medita en un texto proigualdad como Gálatas 3:28, donde se afirma la igualdad entre el esclavo y el libre en Cristo; si uno tiene en cuenta la exhortación de Pablo para que Filemón reciba a Onésimo como hermano y no como esclavo (Filemón 15-16); y si uno recuerda la prohibición de Pablo a un creyente que traficaba esclavos (1 Timoteo 1:10), podríamos decir que la prohibición de la esclavitud es una consecuencia natural de la enseñanza cristiana.

George Bourne, un ministro Presbiteriano abolicionista del siglo dieciocho, presentó un sólido argumento que mostraba la posibilidad de considerar como antibíblica y anticristiana la institución de la esclavitud. Bourne no encuentra en la Escritura una prohibición clara de la esclavitud, sin embargo, razona dentro de la Biblia para realizar el siguiente argumento:

La práctica de la esclavitud no es condenada en las Escrituras bajo ese nombre, tampoco es mencionada con ese nombre en ninguna de las definiciones de nuestro derecho común. Pero es condenada clara y severamente en las Escrituras bajo otros nombres y descripciones. Existen muchas prácticas modernas, tales como la piratería, el batirse a duelo, las apuestas, etc., las cuales no son condenadas en las Escrituras bajo esos nombres, sino por medio de descripciones. De este modo, a pesar que todos los crímenes contra Dios y su religión hayan sido legalizados por los hombres de este mundo, todos ellos están claramente descritos y condenados en las Escrituras, de manera que la humanidad no tiene ninguna excusa justa o moral para cometerlos... Puede hallarse abundante evidencia adicional contra esta doctrina [esclavitud] en el hecho que, tanto el cautiverio, intercambio, permuta, compra, venta (y cualquier otro tipo de comercio que tiene al ser humano como propiedad), libertinaje y abuso, así como la tiranía y la crueldad generada por dichas prácticas son consideradas entre los mayores pecados y son amenazados con los más severos juicios y castigos Divinos, en muchas partes de las Escrituras, como por ejemplo Dt. xxviii. 68; 2Cr. xxviii. 8-15; Neh. v. 5-15; Sal. xliv. 12; Is. liii. 3-6; Jer. xv. 13-14; Ez. xxvii. 2, 13, 26-36; Jl. iii. 3-8; Am. ii. 6-7; Abd. 11; Nah. iii. 10; Zac. xi. 5; etc. De acuerdo con lo escrito y con el espíritu de estos pasajes, tales tratos hacia los seres humanos merecen la muerte, aunque, en alguno de estos pasajes, se amenaza con castigar los más cruentos pecados aplicando los mismos tratos, lo que en resumidas cuentas es lo mismo, pues la esclavitud humana es la destrucción y muerte en vida de sus víctimas. Al mismo tiempo, en la mayoría de estos pasajes se amenaza con la destrucción pública o la muerte nacional, a modo de castigo retaliatorio Divino por la práctica pública o habitual de tales tratos, como claramente muestra el contexto.[5]

---

5. George Bourne, *A Condensed Anti-Slavery Bible Argument: By a Citizen of Virginia* (New York: S. W. Benedict, 1845), 9, 18–19.

La doctrina cristiana se ha desarrollado e indudablemente continuará haciéndolo en algunos aspectos en el futuro. Como tal, la ortodoxia teológica —con lo cual me refiero a la fe cristiana auténtica e histórica— no debería ser identificada con un momento específico de la historia confesional de la iglesia. La iglesia siempre está tratando de preservar su compromiso con las Escrituras al mismo tiempo que busca discernir cómo ellas operan y cobran sentido en nuestro propio contexto. No me mal interpreten, esta no es una licencia para inventar cosas bajo el pretexto de "desarrollo de una doctrina". La historia de la herejía ha mostrado que la innovación radical, la rendición ante la cultura, o los intentos de modificar la Escritura son siempre dañinos para la santísima fe de la iglesia. Dios no nos da luz nueva, sino que él tiene luz nueva para ser derramada sobre su palabra, como solían decir algunos de los puritanos. Como resultado, deberíamos recordar que el desarrollo doctrinal debe ser orgánico en lugar de extranjero, consistente con la lógica bíblica y construido sobre fundamentos apostólicos, y siempre buscando el consenso con las iglesias del mundo. A pesar de que la teología se interesa por la búsqueda de lo que es recto —creencias, adoración y prácticas correctas—, el veredicto de la iglesia respecto a sus creencias y su ética siempre ha sido provisorio (lo que es recto está abierto a corrección) y contextual (la rectitud a veces es una cuestión de la circunstancia).

PENSANDO DE MANERA FIEL Y CONSTRUCTIVA ACERCA DE LA AUTORIDAD BÍBLICA

En este capítulo he tratado de explicar que el verdadero sello distintivo de una interpretación cristiana de la Escritura es su trato como normativa y no como algo negociable. No obstante, he sido brutalmente honesto en señalar los problemas que conlleva tener una visión ingenua acerca de lo que es vivir bajo la autoridad bíblica. Debemos evitar los extremos: por un lado, tomar un par de tijeras y descaradamente cortar las partes de la Biblia que no nos interesan (la opción progresista) o, por otro lado, vivir y adorar como si todos los mandamientos de la Biblia fueran igualmente relevantes e igualmente aplicables a nosotros hoy día (la opción hiperliteral). Hay buenas razones para no hacer algunas de las cosas que la Biblia ordena (como apedrear personas por cometer adulterio), así como también las hay para hacer algunas de las cosas que ella prohíbe (como comer cerdo).

La Escritura no debería ser leída con el propósito de ganar discusiones intelectuales, en cambio, debería leerse con una actitud de obediencia reverente, como la del salmista: "En mi corazón atesoro tus dichos para no pecar contra ti" (Salmo 119:11). Esdras es también un modelo a seguir pues él "se había dedicado por completo a estudiar la ley del Señor, a ponerla en práctica y a enseñar sus preceptos y normas a los israelitas" (Esdras 7:10). Debemos buscar aplicar la palabra estudiada en nuestras propias situaciones.

Samuel Waje Kunhiyop, African Christian Ethics (Nairobi: Hippo, 2008), 50–51.

Más allá del gran pantano de la normatividad y de la autoridad, los aliento a recordar que Dios nos confronta con sus demandas en la Escritura para que las obedezcamos, y no para que nos comprometamos a medias con cosas que son momentáneamente convenientes. Si amamos a nuestro Señor, entonces debemos amar su palabra y esforzarnos para obedecerla con todo nuestro corazón, toda nuestra mente, toda nuestra fuerza y toda nuestra alma. La diferencia entre los seguidores y los fans, las ovejas y las cabras, el verdadero cristianismo y la religión consumista, es que los seguidores son los que prometen "escuchar y obedecer" (Deuteronomio 5:27), los que guardan la palabra de Dios en sus corazones (Salmos 119:11), los que obedecen las enseñanzas de Jesús como una manera de expresar su amor por él (Juan 14:23-24), y los que edifican su casa sobre los fundamentos de las palabras de Jesús (Mateo 7:24-26).

LECTURA RECOMENDADA

Enns, Peter. *How the Bible Actually Works: In Which I Explain How an Ancient, Ambiguous, and Diverse Book Leads Us to Wisdom Rather Than Answers — and Why That's Great News.* New York: HarperOne, 2019.

Marshall, I. Howard. *Beyond the Bible: Moving from Scripture to Theology.* Grand Rapids: Baker, 2004.

Stott, John R. W. *Understanding the Bible.* Grand Rapids: Zondervan, 1999.

Witherington, Ben. *Reading and Understanding the Bible.* Oxford: Oxford University Press, 2014.

4

LA BIBLIA ES PARA NUESTRO TIEMPO, PERO NO ACERCA DE NUESTRO TIEMPO

La Biblia es *para nosotros*. Es la fuente principal de cómo creer y comportarse como discípulos de Jesucristo. La Biblia existe *para que tengamos* una visión de la creación centrada en Dios, para que comprendamos la providencia de Dios en la historia, para que escuchemos sus promesas, para que conozcamos sus palabras de advertencia y aliento, para que tengamos las palabras de Jesús, para que escuchemos el testimonio que dieron los apóstoles acerca de Jesús, y para que miremos hacia el reino en toda su plenitud futura. La lectura pública y privada de la Biblia es *para nosotros* en el sentido de que es para nuestro entrenamiento, nuestra edificación, nuestra transformación y nuestra motivación. La Biblia es *para nosotros*, dado que ella permite que Dios hable a la gente a través del océano de la historia, a través de nuestras múltiples culturas e idiomas, y de un modo que realmente trasciende las diferencias humanas. Ya seas un cristiano del segundo siglo en Roma, un cristiano árabe del quinto siglo en la ciudad de Tikrit, o un creyente en Zimbabue en el siglo veintiuno, la Biblia es la palabra de Dios para ti, para ellos y para nosotros hoy. La Biblia es para nosotros, ayer, hoy, y hasta el fin de los tiempos.

Sin embargo, **aunque la Biblia es *para nosotros*, no fue escrita *a nosotros*, ni se trata *de nosotros*.** Cuando leemos la Biblia, estamos entrando a un mundo histórico y culturalmente distante y debemos tener "cuidado con la brecha", como dicen en el metro de Londres. En la premura por hacer la Biblia instantáneamente relevante, podemos inadvertidamente darle un mal uso, no reconociendo la situación específica de los autores y recoger perezosamente algo que nos parezca útil en una primera lectura. En términos del estudio de la Biblia, esto es como navegar por Wikipedia en lugar de pasar unas horas en tu biblioteca local. Leer la Escritura para una rápida aplicación práctica, ignorando la brecha social, histórica y cultural, es como buscar gratificación instantánea sin el duro trabajo del estudio.

El problema es que si *no respetamos* la distancia histórica, potencialmente *distorsionaremos* la interpretación adecuada de la Biblia. En consecuencia, es fundamental preguntarse qué significó Isaías 53 para los exiliados de Judea en la Babilonia del siglo VI, antes de preguntarnos cómo se aplica este pasaje en el Baltimore, Brisbane o Bogotá del siglo veintiuno. Sé que esto va a sonar extraño, pero para hacer que la Biblia sea significativa, relevante y aplicable, ella primero debe ser desfamiliarizada y deslocalizada de nuestro propio tiempo.[1] En otras palabras, tenemos que comprender cuán extraño es el mundo bíblico antes de que podamos intentar hacerlo familiar a nuestra propia audiencia, o para decirlo de otro modo, tenemos que darnos cuenta cuán diferente es la Biblia de nuestro tiempo antes de que podamos permitirle hablar a nuestra propia situación contemporánea. De lo contrario, acabaremos teniendo una lectura superficial de la Biblia, o peor aún, acabaremos teniendo una lectura de nuestro propio tiempo y contexto en la Biblia.

Existe un peligro real de que nos familiaricemos demasiado con la Biblia en el sentido de que leamos nuestras propias experiencias en ella. Debemos recordar que el mundo bíblico era bastante diferente tanto a nuestro tiempo como a nuestro lugar. La gente que trabaja en la traducción bíblica lidia con este problema todo el tiempo. Quiero decir, ¿cuánto de la Biblia puedes traducir a una cultura, y cuánto tienes que dejar sin traducir? Cuando traductores de la Biblia llegaron por primera vez a Papúa Nueva Guinea, tuvieron un problema. ¿Cómo dices que Jesús es el "Cordero de Dios que quita los pecados del mundo" a personas que nunca han visto un cordero y que no tienen idea cómo se ve un cordero o cómo estos eran usados para sacrificios y carne en Medio Oriente? Ahora bien, en Papúa Nueva Guinea sí tenían cerdos, los cuales simbolizaban prosperidad y riqueza, y eran utilizados en las prácticas religiosas indígenas. Entonces, ¿podrías decir que "Jesús es el cerdo de Dios que quita los

---

1. El historiador religioso Jonathan Z. Smith (*Imagining Religion: From Babylon to Jonestown* [Chicago: University of Chicago Press, 1982], xiii) destacó cuán beneficioso es esto de "hacer que lo familiar parezca extraño a fin de mejorar nuestra percepción de lo familiar".

pecados del mundo"? Tal vez, pero probablemente no es una buena idea dadas las prohibiciones del Antiguo Testamento de consumir cerdo, lo que generaría confusión. Así que probablemente es mejor dejarlo como "Cordero", y luego, cuando alguien pregunte, "¿qué es un cordero?", explicárselo. Espero que entiendan lo que trato de decir. Algunas cosas deben dejarse sin traducir, mantenerse distintas y parecer extrañas a fin de entenderlas apropiadamente.

El problema es que en la psicología de la lectura no podemos evitar asociar lo familiar con lo desconocido, en la esperanza de comprender mejor. Siempre asociamos las palabras, las imágenes y las metáforas en un texto con nuestra propia experiencia de esas mismas palabras, imágenes y metáforas. Si bien la homogeneidad de la experiencia humana es lo que hace posible la traducción y la lectura, existe el peligro de proyectar en el texto que se está leyendo tu propia experiencia de algo, ya sean corderos o templos. El problema es que las cosas que damos por sentado, que consideramos evidentes por sí mismas, o directamente suponemos, a menudo, eran bastante diferentes en los pueblos antiguos. Cuando Isaías o Lucas mencionan X, podríamos asumir que X significaba para ellos lo mismo que significa para nosotros. Pero con frecuencia esto no era así. A menudo, las palabras, los conceptos y los símbolos tenían significados diferentes en el mundo antiguo que los que tienen en nuestro mundo moderno. Déjenme demostrarles esto señalando cómo las palabras "religión", "regalo" y "hospitalidad" significaban cosas muy diferentes en el mundo antiguo de lo que significan ahora.

CÓMO UN POCO DE CONOCIMIENTO DEL CONTEXTO PUEDE TRAER GRANDES PERSPECTIVAS

Cuando la religión no es realmente religiosa

Aquellos de nosotros que vivimos en el Occidente moderno tendemos a pensar la "religión" como la esfera de lo sagrado, relacionada con las creencias sobre Dios, con obligaciones éticas ordenadas por Dios y conectada con virtudes como la caridad. Es más, la religión para nosotros es distinta del mundo secular con sus instituciones y lugares públicos neutrales, como el gobierno y la educación. Sin embargo, en el mundo antiguo, la "religión" no se trataba sobre creencias y ética; más bien, se relacionaba a deberes para con los dioses, en gran parte en términos de rituales. El mundo antiguo tampoco tenía laicismo, con la separación de iglesia y estado; en cambio, cosas como la religión, el gobierno, la economía, los negocios, la ciudadanía, la etnia y los comandos militares estaban todos unidos estrechamente. En consecuencia, cuando Pablo elogió a los atenienses por ser "religiosos," ellos no pensaron que a Pablo le gustó su teología y su ética, las cuales estaban separadas de su política; no, ellos pensaron que Pablo estaba destacando la forma en que desempeñaban sus deberes de honrar a los dioses con sacrificios, oraciones y otros rituales (Hechos 17:22).[2]

Cuando regalar no es gratis

Tendemos a asociar el regalar con generosidad totalmente gratuita, con no esperar nada a cambio, sin embargo, eso no era lo que normalmente significaba regalar en el mundo antiguo. En el mundo antiguo, los obsequios usualmente tenían alguna expectativa recíproca, condiciones, algún endeudamiento que correspondía al destinatario de devolver algún favor o servicio al dador de los obsequios. Todos los regalos tenían un *quid pro quo* implícito, incluso si era una muestra de generosidad de una de las partes. Una cosa que llama la atención sobre la teología de la gracia del apóstol Pablo es que su noción del don divino de la salvación no se trata de reciprocidad, sino de incongruencia: Dios otorga su don de gracia de una manera en que la gente jamás podrá retribuírselo por completo (ver Romanos 5:15-17; 6:23). Conocer un poco acerca de los regalos en la antigüedad nos ayuda a ver cómo se destaca la teología de la gracia y de los dones divinos de Pablo.[3]

Cuando la hospitalidad va más allá de los amigos

La gente de hoy tiende a pensar en la hospitalidad como algo que hacen por amigos y parientes —invitarlos a casa a comer o llevarlos a cenar. Pero en el mundo antiguo, la hospitalidad era lo que uno hacía por los extraños, ¡por la gente que no conocía o no sabía si era plenamente confiable! (ver Romanos 12:13; 1 Timoteo 5:10; Hebreos 13:2; 3 Juan 8).[4]

---

2. El mejor estudio acerca de esto es el de Brent Nongbri, *Before Religion: A History of a Modern Concept* (New Haven, CT: Yale University Press, 2015); para una explicación más corta y accesible ver Michael F. Bird y N. T. Wright, *The New Testament in Its World* (Grand Rapids: Zondervan Academic, 2019), 152–58.

3. Esto fue recientemente demostrado por John Barclay, *Paul and the Gift* (Grand Rapids: Eerdmans, 2015).

4. Como hábilmente mostró Joshua W. Jipp, *Saved by Faith and Hospitality* (Grand Rapids: Eerdmans, 2017).

Dios invita y exige que el pueblo de Dios sea un pueblo hospitalario. Entonces, ¿qué está en juego? Una iglesia, o un individuo, que no practica la hospitalidad malinterpreta la identidad del Dios Trino y, como resultado, el significado mismo de la identidad y la vida cristiana.

—*Joshua Jipp* *

---

* Tavis Bohlinger, "Does Biblical Hospitality Mean Martha Stewart? Joshua Jipp Says No", *The Lab*, September 29, 2018, https://academic.logos.com/does-biblical-hospitality-mean-martha-stewart-joshua-jipp-says-no/.

Pasando de la familiaridad, a la novedad, a la aplicación

Entonces, si pensamos que el mundo antiguo dividió la religión de la política o que pensó la religión en términos de creencias y ética, entonces malinterpretaremos las referencias a la "religión" en lugares como el Libro de los Hechos (Hechos 17:22; 25:19; 26:5). O si leemos nuestra propia idea de "regalo" en Romanos 5:15-17 y 6:23, es probable que nos olvidemos de algo, o malinterpretemos la naturaleza radical de lo que dice Pablo acerca de cuán generosa es la gracia de Dios hacia nosotros. Del mismo modo, si pensamos que "hospitalidad" solo significa salir con nuestros agradables amigos de clase media de la iglesia, en realidad no estaremos obedeciendo el mandamiento "No se olviden de practicar la hospitalidad" (Hebreos 13:2). No estaremos ejerciendo la hospitalidad bíblica, la cual requiere cuidar del inmigrante, del extraño y del refugiado en medio nuestro.

Por lo tanto, para comprender la Biblia, debes "desfamiliarizar" o "diferenciar" la Biblia. Para ser claro, no me refiero a tratar la Biblia como una reliquia histórica con poca o ninguna relevancia para la actualidad. No estoy sugiriendo que estudiemos el contexto histórico de la Biblia con el único propósito de crear un museo de viejas palabras raras y analizar ideas extrañas por el bien de la curiosidad. En cambio, me refiero a estudiar la Biblia de nuevo, reconociendo su ubicación y propósito inconfundibles, captando su situacionalidad y su propio "aquel entonces". Una vez que la Biblia nos parece extraña, podemos releerla de nuevo, en sus propios términos, sin proyectar en ella a nosotros mismos o a nuestra propia cultura. A partir de allí, estaremos capacitados e incentivados para encontrar nuevas, emocionantes y desafiantes maneras de hacerla relevante para nosotros.

Por tanto, el objetivo de este capítulo es remarcar la importancia de conocer tanto el trasfondo histórico, ingresando al mundo y a la cultura de la antigüedad, como las grandes recompensas que puedes obtener al comprender y aplicar la Biblia, si trabajas un poco en el contexto histórico.

UN MEJOR CONOCIMIENTO DEL CONTEXTO RESULTA EN UNA MEJOR APLICACIÓN

Hay varios textos muy conocidos que creo que muestran lo valioso de conocer algo del trasfondo del mundo que rodea la Biblia, a fin de tener una mejor comprensión de la misma.

La imagen de Dios

Y dijo Dios: Hagamos al hombre a nuestra imagen, conforme a nuestra semejanza; y señoree en los peces del mar, y en las aves de los cielos, y en las bestias, y en toda la tierra, y en toda serpiente que se anda arrastrando sobre la tierra.

Y creó Dios al hombre a su imagen, a imagen de Dios lo creó; macho y hembra los creó. (Génesis 1:26-27).

Este es uno de los textos más famosos de la Biblia cristiana. Es tan importante para nuestra doctrina de la humanidad —la creencia de que cada persona, hombre y mujer, lleva la *imago dei* o la imagen de Dios. Pero, ¿qué es exactamente la "imagen" en la "imagen de Dios"?

La imagen de Dios normalmente se ha identificado con un rasgo o habilidad particular que poseen los humanos: algo parecido a la capacidad de razonamiento y reflexión, a la capacidad de participar de un discurso racional, a una mezcla de autoconciencia y conciencia de Dios, a nuestra disposición a formar relaciones, a la capacidad de ser guiado por algo más que el instinto y los deseos, a un deseo de conocer y ser conocido. En otras palabras, la imagen de Dios generalmente se asocia con la racionalidad y la relacionalidad *humana*.

Debo confesar que siempre me ha molestado definir la imagen como una habilidad racional o una capacidad relacional. Esto podría implicar que las personas con alguna deficiencia cognitiva (Síndrome de Down o demencia) o con problemas relacionales (autismo o asperger) están, de cierta forma, disminuidos o desposeídos de la imagen de Dios. Sin embargo, esto dejó de molestarme cuando aprendí un poco del trasfondo del Antiguo Testamento y del significado de la imagen de Dios en el contexto del antiguo Oriente Próximo.

En el curso de mis estudios, aprendí que en lugares del antiguo Oriente Próximo la "imagen de dios" era un título para exaltar a los monarcas.[5] Los reyes eran considerados servidores especiales de los dioses y, en consecuencia, llevaban su imagen como gobernantes de la tierra. En el Nuevo Reino de Egipto (1500 a. C.), el faraón Egipcio era alabado como la "imagen de Ra" y la "imagen de Atum". Al rey Asirio Asarhaddón se lo llamó la "imagen de Bel" y la "imagen de Marduk" (600 a. C.). En un fragmento de papiro de Egipto durante el período Ptolemaico (200 a. C.), encontramos una referencia al monarca como "una imagen viviente de Zeus, hijo del Sol".[6] El filósofo griego Plutarco (100 d. C.) dijo: "Ahora la justicia es el objetivo y el fin de la ley, pero la ley es obra del gobernante, y el gobernante es la imagen de Dios, que ordena todas las cosas".[7]

Lo que esto significa es que, en lugar de considerar la "imagen de Dios" como una habilidad racional o una capacidad relacional, si tomamos en cuenta el contexto del antiguo Oriente Próximo, entonces Génesis 1:26-27 está diciendo que toda la humanidad es real a los ojos de Dios. La imagen no es una aptitud o habilidad; es un estatus, algo dado a todos los humanos, independientemente de su género, etnia o capacidad. Considerando que la imagen estaba restringida a una élite de pocos monarcas que eran adorados como figuras deiformes, el privilegio de llevar la imagen de Dios se democratiza en la narrativa bíblica para que toda la humanidad tenga parte en ella.[8] La humanidad es, por lo tanto, real a la vista de Dios y se le ha dado la importante tarea de gobernar y administrar la creación como viceregente de Dios. Desde esta perspectiva, Dios es un Creador generoso que comparte el poder con sus criaturas, invitándolas y confiando en ellas para que participen de su reinado sobre el mundo.[9]

---

5. David J. A. Clines, "The Image of God in Man", *Tyndale Bulletin* 19 (1968): 53–103; Walter Brueggemann, "From Dust to Kingship", *Zeitschrift für die alttestamentlich Wissenschaft* 84 (1972): 1–18.

6. S. R. Llewelyn, ed., *New Documents Illustrating Early Christianity*, vol. 9 (Grand Rapids: Eerdmans, 2002), 36.

7. Plutarch, *To an Uneducated Ruler* 780e5–f2, citado en Sean McDonough, *Christ as Creator: The Origins of a New Testament Doctrine* (New York: Oxford University Press, 2009), 58.

8. Victor P. Hamilton, *The Book of Genesis*, New International Commentary on the Old Testament (Grand Rapids: Eerdmans, 1990), 135.

9. J. Richard Middleton, *The Liberating Image: The Imago Dei in Genesis 1* (Grand Rapids: Brazos, 2005), 296–97.

La conclusión de todo esto es que conocer el trasfondo de la "imagen de Dios" en el antiguo Oriente Próximo nos previene de pensar que ella está vinculada a la capacidad o habilidad humana, algo que menoscabaría como portadores de la imagen de Dios a las personas con deficiencias cognitivas o con problemas para relacionarse. En cambio, la imagen de Dios significa que los humanos son divinamente reales, las carteleras cósmicas para expresar la soberanía de Dios y su presencia en el mundo, y que todas las personas poseen la imagen y participan de la vocación de irradiar al mundo la majestad de Dios.

Pagando impuestos al César

Entonces enviaron a él algunos de los fariseos y de los herodianos para que lo sorprendieran en alguna palabra. Y viniendo le dijeron:

—Maestro, sabemos que eres hombre de verdad y que no te cuidas de nadie porque no miras la apariencia de los hombres, sino que con verdad enseñas el camino de Dios. ¿Es lícito dar tributo al César o no? ¿Daremos o no daremos?

Entonces él, como entendió la hipocresía de ellos, les dijo:

—¿Por qué me prueban? Tráiganme una moneda romana[a] para que la vea.

Se la trajeron, y él les dijo:

—¿De quién es esta imagen y esta inscripción?

Le dijeron:

—Del César.

Entonces Jesús les dijo:

—Den al César lo que es del César, y a Dios lo que es de Dios.

Y se maravillaban de él (Marcos 12:3-17).

He escuchado muchos sermones acerca de este pasaje, y su aplicación es predeciblemente siempre la misma. Por lo general, van en la dirección de pagar impuestos al César, al Tío Sam, o a quien sea que dirija el gobierno. Los cristianos deberíamos pagar impuestos y ser honestos en nuestras declaraciones fiscales ante el gobierno; pero recuerden, la iglesia pertenece a Dios, no al gobierno. Así que paga tus impuestos y trata de mantener separados a la iglesia y al estado. Esa aplicación estaría bien si el texto que estuviéramos viendo fuera algo como Romanos 13:1-7 respecto a pagar impuestos, o 1 Pedro 2:13-17 respecto a obedecer y respetar al emperador. Sin embargo, el problema es que esta historia no trata acerca de eso.

Para empezar, lo que necesitan saber es que la historia no está relatando cómo los fariseos y los herodianos plantearon a Jesús una pregunta legítima acerca de los impuestos, debido a que estuvieran realmente confundidos respecto a si pagar impuestos era una buena idea, y realmente querían saber lo que Jesús pensaba sobre este asunto. Esta historia no se trata de impuestos; todo esto fue una trampa diseñada para atrapar a Jesús y meterlo en serios problemas con las autoridades imperiales. ¿Cómo funcionaba la trampa? Bueno, aquí es donde algo de contexto es muy útil, incluso necesario. Si lees al historiador judío Josefo, descubrirás que un grupo de fervientes Galileos, ansiosos por deshacerse del yugo opresor romano mediante una revolución violenta, tenía un lema, "No hay rey sino Dios". Y dado que pagar impuestos al César significaba reconocerlo como rey, pagar impuestos significaba reconocer al César como rey en lugar del Dios de Israel, insinuando que el pago de impuestos al César era tanto una blasfemia como una cobarde traición a la autoridad única de Dios sobre Israel.[10] Así que, cuando se le preguntó a Jesús sobre el pago de impuestos al César, se le puso en una trampa sin salida. Si él decía, "Sí, págales", entonces Jesús se veía como si hubiera cedido la soberanía de Dios o como si se hubiera acobardado por temor a los romanos. Alternativamente, si Jesús decía, "No, no les pagues", entonces los herodianos podrían haber arrestado a Jesús en el lugar, bajo los cargos de sedición por prohibir el pago de impuestos, lo cual era un delito —precisamente la acusación que fabricaron contra Jesús en su juicio (Lucas 23:2). Para citar al Almirante Ackbar, "¡Es una trampa!".

Además, necesitan saber cómo se desarrolló la respuesta de Jesús siguiendo la inscripción en la moneda. Noten la respuesta de Jesús: no usó un engaño para escapar de la pregunta. En cambio, pidió un denario y preguntó: "¿De quién es la imagen e inscripción que está en él?". Ahora bien, varias monedas se acuñaron en Judea, la mayoría de ellas sin imágenes imperiales, y generalmente con diseños florales (solo Poncio Pilato acuñó monedas con representaciones de utensilios de cultos paganos, porque él era un tipo que usaba una toga y quería ver cuánto podía sacar de quicio a los judíos). Pero este denario era probablemente un centavo de tributo tiberiano que tenía, de un lado una "imagen" del rostro de Tiberio con una inscripción que decía, "Tiberio César Augusto, Hijo del Divino Augusto". Luego, en el otro lado, decía, "Sumo Sacerdote", acompañado

---

10. Ver Josefo, *Antiquities* 18.23; Wars 2.118; 7.410.

de una representación de la madre de Tiberio, Livia, posando como la diosa Roma, la patrona de la mismísima Roma. ¿Qué tiene que ver esto con lo que venimos hablando? Bien, el punto de Jesús era que si César era "divino", y si esta era su "imagen", entonces era una violación del segundo mandamiento, que prohíbe explícitamente hacer imágenes esculpidas de un dios (ver Éxodo 20:4; Deuteronomio 5:8). Jesús estaba diciendo en efecto: "Ustedes llevan consigo dinero pagano, que es una afrenta a nuestra religión, así que devuélvanle al rey pagano su dinero pagano". Jesús encerró con la misma trampa a sus interrogadores. Ellos eran los traidores a la adoración monoteísta de Israel, y transgredían la ley de Dios al poseer tal moneda.

Por último, hay incluso más —posiblemente, ¡una burla al mismo César! Quizás Jesús estaba diciendo que César debería haber recibido impuestos porque tendría que haber recibido *todo* lo que se merecía, ¡y lo decía en serio! Parecido a cómo Judas Macabeo, que encabezó un levantamiento contra los Sirios en el siglo II a. C., instó a sus compatriotas judíos a que "devuelvan a los paganos lo que han hecho con ustedes", con lo que se refería a dar una retribución violenta (1 Macabeos 2:68 DHH). Por lo tanto, lejos de acceder a la postura de que los judíos debían pagar impuestos, Jesús estaba siendo subversivo, proclamando una crítica al poder pagano sobre Israel, y evitando la trampa que le habían tendido.[11]

Esta es una gran historia sobre cómo Jesús limpió el piso con los fariseos y los herodianos, pero para poder entenderla, necesitan saber un poco sobre los movimientos revolucionarios Galileos, las antiguas monedas romanas, y el grito de batalla macabeo.

D. A. Carson da otro buen ejemplo sobre cómo el conocer un poco de información arqueológica básica puede evitar errores e interpretaciones equivocadas de la Escritura. Respecto a Apocalipsis 3:15-16, acerca de las palabras del Jesús exaltado a los Laodicenses, y su deseo de vomitarlos debido a que eran ni calientes ni fríos, Carson escribe lo siguiente:

---

11. Ver N. T. Wright, *Jesus and the Victory of God* (London: SPCK, 1996), 502–7.

Se han escrito muchos disparates sobre las palabras del Cristo exaltado a los Laodicenses: "Conozco tus obras; sé que no eres ni frío ni caliente. ¡Ojalá fueras lo uno o lo otro!" (Ap. 3:15). Muchos han argumentado que esto significa que Dios prefiere a las personas que son "espiritualmente frías" sobre las que son "espiritualmente tibias", a pesar de que su primera preferencia es por aquellos que están "espiritualmente calientes". Explicaciones ingeniosas son luego ofrecidas para defender la proposición de que la frialdad espiritual es un estado superior respecto al de la tibieza espiritual. Todo esto puede ser cómodamente abandonado una vez que la arqueología responsable haya hecho su contribución. Laodicea compartía el valle de Lycos con otras dos ciudades mencionadas en el N.T. Colosas fue la única que disfrutaba de agua de manantial fresca y fría; Hierápolis era conocida por sus aguas termales, y se convirtió en un sitio al que la gente concurría para disfrutar de estos baños curativos. Por el contrario, Laodicea contaba con un agua que no era fría y útil, ni caliente y útil; era tibia, cargada de químicos, y con una reputación internacional por ser nauseabunda. Eso nos trae a la apreciación que hace Jesús de los cristianos de allí: no eran útiles en ningún sentido, eran simplemente repugnantes, tan nauseabundos que él los vomitaría. La interpretación sería lo suficientemente clara para cualquiera que viviera en el valle de Lycos en el primer siglo; se necesita un poco de información contextual para aclarar el punto en la actualidad.[12]

¿UN SACERDOCIO DE ERUDITOS?

Algunos de mis lectores aquí pueden objetar que todo este enfoque donde el trasfondo histórico, el contexto cultural y el entorno antiguo son necesarios para comprender la Biblia, significa que la misma terminará perteneciendo a unos pocos historiadores de élite que son los únicos con la experiencia para leer y comprender todas estas cosas. *¿Qué posibilidades tenemos los laicos de comprender la Biblia si no leemos textos en acadio, ugarítico, hebreo, arameo, griego, latín o copto en sus idiomas originales? ¿Cómo podemos explicar la Biblia de manera competente a nuestros amigos y familiares si no hemos leído las épicas babilónicas de la creación, los Rollos del mar*

12. D. A. Carson, "Approaching the Bible", en *New Bible Commentary: 21st Century Edition*, ed. D. A. Carson, R. T. France, J. A. Motyer y G. J. Wenham, 4th ed. (Downers Grove, IL: InterVarsity Press, 1994), 15–16.

Muerto, los escritos completos de Filón, o a filósofos como Cicerón o Séneca, o si no nos mantenemos al día con los últimos informes arqueológicos de Galilea o Éfeso? Creo que es posible que te sientas muy intimidado por todo el conocimiento que está disponible —conocimiento que no tienes, además de no tener tiempo o habilidades para comenzar a adquirirlos.

¿Es elitista todo este enfoque en el trasfondo histórico?

Algunos de ustedes pueden llegar a decir que este enfoque en el trasfondo histórico no solo es abrumador sino peligroso, porque significa que un "sacerdocio de eruditos" se convertirá efectivamente en un consejo de jueces autodesignados que determinan la interpretación bíblica basándose en sus propias áreas de especialización.[13] Peor aún, así es, algunos de estos llamados expertos, de los que dependemos, no son cristianos —algunos son incluso fervientes incrédulos que tratan de refutar la Biblia— así que, ¿quién confiaría en ellos, en lugar de un laico piadoso en lo que respecta a la interpretación bíblica? Además, estos "expertos" rara vez coinciden en algo, y continuamente discuten entre ellos sobre las minucias de los hechos y las cifras. Además de eso, la aparición de nueva evidencia o nuevas teorías constantemente los lleva a revisar su comprensión de cosas como el reinado del rey David o el ministerio de Pablo en Corinto.

Podrías replicar que crees en el sacerdocio de todos los creyentes, mientras que yo estoy defendiendo un magisterio de profesores impíos que son engreídos y pretenden sermonearte sobre la Biblia mientras ni ellos mismos creer en ella. Podrías preferir creer que toda alma es competente para interpretar la Biblia por sí misma, y que no necesitas de profesores pomposos actuando como obispos autoproclamados, diciéndote en qué creer o cómo orar o predicar, basándose en alguna nueva palabra aramea que ha sido descubierta, o en un fragmento de cerámica que acaba de ser desenterrado en Egipto. "No, gracias", podrías responder, "Estoy bien. ¡Nada de historia para mí!".

Nos guste o no, el estudio bíblico requiere del estudio histórico

Si ese eres tú, respira hondo y quédate conmigo por un momento. Mira, si tomas tu Biblia y lees desde Génesis a Apocalipsis, seguramente podrás entender bastante bien la historia básica de Dios. Si lees la Biblia con atención, puedes descubrir la historia básica de la creación, de la caída, de los

---

13. Un reclamo como este es realizado por Guy Waters, *Justification and the New Perspective on Paul: A Review and a Response* (Phillipsburg, NJ: P&R, 2004), 154–56, 193, y Wayne Grudem, "The Perspicuity of Scripture", *Themelios* 34 (2009): 297.

patriarcas, de Israel, de Jesús, de la iglesia y del fin de todas las cosas. Puedes obtener un conocimiento básico de la Biblia sin aprender arameo antiguo, obtener un PhD en Egiptología, o ir a una excavación de verano a Pérgamo en la Turquía moderna. También podrías obtener una idea básica de quién es Dios, quién es Jesús, de qué se trata la iglesia, qué es el evangelio, y comprender los fundamentos del discipulado. Una comprensión rudimentaria de la Biblia se puede lograr a través de una lectura minuciosa y cuidadosa de la misma, prestando atención a cómo progresa la historia de la Biblia y notando cómo ella, efectivamente se interpreta a sí misma. Además, contamos con la obra esclarecedora del Espíritu Santo, a través de quien Dios trae entendimiento a nuestras mentes para que podamos comprender y aplicar todo lo que Dios nos dice en la Escritura. Por lo tanto, es posible adquirir una comprensión básica y suficiente de la Biblia sin la necesidad de obtener un doctorado en literatura judía del Segundo Templo.

Sin embargo, si lees la Biblia desde cero, y si eres un poco novato al hacerlo, la realidad es que tendrás enormes preguntas que no podrás responder. Por ejemplo, ¿dónde está "Sitim" y quiénes son los "Moabitas"? (Números 25:1), ¿cuál es la diferencia entre "Israel" y "Judea" durante el período de la monarquía dividida? (1 Reyes 12:20-21), ¿qué sucedió entre Malaquías y Mateo (¡unos cuatrocientos años!)? ¿quiénes fueron los "Herodianos"? (Marcos 3:6) y, ¿qué candidato presidencial se supone que debo identificar como la "Madre de las rameras"? (Apocalipsis 17:5). Esto es precisamente el porqué las Biblias de estudio son tan populares e importantes: tienen notas que explican todas esas cosas técnicas que no tienes idea ni dónde empezar a buscar.

Además de esto, ten en cuenta que si estás leyendo la Biblia solo, eso es genial, pero también deberías estar leyéndola como parte de una comunidad, con tu iglesia, con un grupo de amigos, o incluso en familia. Allí encontrarás personas que han estado leyendo la Biblia por más tiempo que tú, y conocerás algunas cosas que ellos han aprendido sobre el trasfondo y el contexto. Sí, a pesar de que a los protestantes no les gusta tener que depender de un profesor, o de un Papa que les diga qué creer y, generalmente, afirman la claridad de la Escritura, también saben que la claridad no está distribuida uniformemente en toda la Biblia. Esta es la razón por la cual, tanto la Confesión de fe de Westminster (1649), como la Confesión Bautista de Londres (1689) declaran:

> No todas las cosas de la Escritura son igualmente claras en sí mismas, ni igualmente claras para todos; sin embargo, aquellas cosas que son

necesarias saber, creer y observar para la salvación son tan claramente propuestas, y expuestas en uno u otro lugar de la Escritura, que no solo los eruditos, sino los indoctos, mediante el uso de los medios ordinarios, pueden adquirir a una comprensión suficiente de ellas.[14]

Entonces, sí, descubrir cómo estar bien con Dios a partir de la lectura de la Biblia es bastante sencillo, pero después de eso, es posible que necesites a uno de esos chicos y chicas *nerd* llamados "maestros" o "pastores" para ayudarte a comprender las cosas. Luego, en casos técnicos y extremadamente raros, es posible que incluso también necesites la ayuda de un erudito bíblico, un filólogo o un arqueólogo. De vez en cuando, todos necesitamos que un Felipe corra junto a nuestro carro para responder a nuestras preguntas acerca de lo que estamos leyendo en la Escritura (Hechos 8:26-36). Además, no negaría la obra esclarecedora del Espíritu al ayudar a los cristianos a adquirir una comprensión básica y adecuada de la Biblia. Sin embargo, al sumergirnos en la cultura, los textos y los objetos del mundo antiguo, le damos al Espíritu Santo más contenido con el cual trabajar en la apertura de nuestras mentes y corazones a los temas centrales de los que hablaban los autores bíblicos.

> D. A. Carson sobre por qué necesitamos conocer el trasfondo histórico:
>
> Dios se ha revelado a nosotros en las Escrituras, en personas en particular, en un idioma particular, en una historia particular del espacio-tiempo —esta es una revelación histórica. Y así, incluso cuando haces tu filología, cuando realizas tus estudios de palabras, estás preguntando qué significaban esas palabras en aquel momento, te preguntas cómo funciona la sintaxis griega. Pero cuando ellos [los autores de la Biblia] usan [ciertas] expresiones, cuando tienes un velo sobre el rostro de alguien, o cuando una mujer entra y lava los pies de Jesús con su cabello cuando él está en la mesa, en alguna parte alguien tiene que explicarlo.[15]

---

14. CFW 1.7; CBL 1.7.

15. Citado en Jonathan Parnell, "Serving to Master Two?–Historical Background and the Bible", *Desiring God*, July 27, 2011, www.desiringgod.org/articles/serving-to-master-two-historical-background-and-the-bible.

MI MEJOR CONSEJO: LEE COSAS ANTIGUAS

Si pudiera escandalizarte con un punto retórico —y tal vez debería—, me atrevería a decir que cualquiera que solo conoce la Biblia, y no conoce la vasta historia de la antigüedad, realmente no conoce la Biblia. Conocer la Biblia es conocer su mundo, ya que el significado está determinado por el contexto, y el contexto es lo que nos salva de cometer graves errores de interpretación. Así que, en lugar de leer libros populares como *¡Ayuda! Estoy atrapado en una novela romántica de Christian Prairie*, o *Diez refugios fiscales bíblicos*, o *40 Días de tu mejor vida*, sumérgete en la literatura del mundo antiguo.

CÓMO COMENZAR A APRENDER SOBRE EL TRASFONDO BÍBLICO: UNA MUESTRA

- Escuchen el libro en audio *The Lost World of Genesis One* por John Walton (InterVarsity Press).
- Vean *"Historical Setting of Isaiah"* por Andrew Abernethy (Universidad Ridley) en YouTube.
- Escuchen a Donald Kagan en *"Introduction to Ancient Greek History"*, podcast de la Universidad de Yale.
- Lean 1–2 Macabeos en la Biblia en Ingles Común.
- Vean *"Encountering the Holy Land"* en el servicio de streaming Master Lectures de Zondervan.
- Lean 1 Enoc 37–71 en *Old Testament Pseudepigrapha*, editado por James Charlesworth.
- Escuchen el libro en audio de Gary Rendsburg, *"The Dead Sea Scrolls"*.
- Vean el DVD de *The New Testament You Never Knew* o descárguenlo de Zondervan.
- Lean el libro de Josefo *Las Guerras de los Judíos* en alguna biblioteca a la que puedan acceder.
- Lean la *Epístola a Diogneto* en la traducción de Michael Holmes o en la de Rick Brannan.

Para sacar más provecho de tu lectura de la Biblia, no necesitas tener un doctorado en literatura antigua y religión; solo necesitas comenzar a leer obras antiguas en inglés a fin de cosechar algunos de los beneficios de tener un mejor conocimiento de los trasfondos bíblicos. Para usar a una cita famosa, de un cierto personaje, en un determinado programa de TV: "Leí, y ahora ¡sé cosas!". Entonces, si quieres conocer mejor la Biblia, lee más historia *sobre* el mundo antiguo y especialmente historia *del* mundo antiguo. Mi consejo es que te conviertas en un lector de rango amplio, que incluyas lecturas regulares del mundo antiguo en tu dieta de lectura.

Lee algo de Josefo, los Rollos del mar Muerto, los Apócrifos, las historias de Tácito, los padres apostólicos. O suscríbete a una revista de Biblia y arqueología. Mira algunos videos de YouTube que hablen de los persas y los griegos. Encuentra un buen podcast o un buen servicio de transmisión acerca de la Biblia en su mundo. Consigue una Biblia de estudio decente sobre historia y arqueología. Consulta algunas obras de referencia sobre trasfondos Bíblicos. Estas cosas son las que mejorarán la profundidad y la sofisticación de tu lectura de la Escritura y producirán conocimiento exegético, transformación teológica y, tal vez, incluso, bendiciones espirituales.

El eminente estudioso del judaísmo y del cristianismo antiguo, James H. Charlesworth, dijo una vez que heredó varias bibliotecas de eruditos cristianos y pastores que habían fallecido, y en cada una de ellas había una copia de la traducción de William Whiston de las *Obras completas de Josefo*.[16] Nuestros antepasados en la fe conocieron el valor de usar las fuentes históricas de la era apostólica en su estudio de la palabra de Dios —como nosotros también deberíamos. Esto mejorará inmediatamente tu lectura bíblica, la cual a su vez dará forma a tu teología, discipulado y ministerio.

LECTURA RECOMENDADA

Arnold, Clinton. *Zondervan Illustrated Bible Backgrounds Commentary*. 5 vols. Grand Rapids: Zondervan, 2016.

Beers, Holly. *A Week in the Life of a Greco-Roman Woman*. Downers Grove, IL: InterVarsity Press, 2019.

Bock, Darrell L. y Gregory J. Herrick. *Jesus in Context: Background Readings for Gospel Study*. Grand Rapids: Baker, 2005.

Dodson, Derek y Katherine E. Smith. *Exploring Biblical Backgrounds: A Reader in History and Literary Contexts*. Waco, TX: Baylor University Press, 2018.

---

16. James Charlesworth, *Jesus within Judaism: New Light from Exciting Archaeological Discoveries* (New York: Doubleday, 1989), 90.

Evans, Craig A., y Stanley E. Porter, eds. *Dictionary of New Testament Background*. Downers Grove, IL: InterVarsity Press, 2000.

Keener, Craig S. *The IVP Bible Background Commentary: New Testament*. Downers Grove, IL: InterVarsity Press, 2014.

Walton, John H., Victor H. Matthews y Mark Chavalas. *The IVP Bible Background Commentary*. Downers Grove, IL: InterVarsity Press, 2000.

5

DEBERÍAMOS TOMAR LA BIBLIA EN SERIO, PERO NO SIEMPRE LITERALMENTE

Generalmente me abstengo de corregir el inglés de la gente. Sin embargo, mi límite es el uso de la palabra "literalmente". En ese caso, no me importa si pierdo muchos amigos, o cuántas miradas raras reciba, tampoco que mis estudiantes me perciban como condescendiente y pedante. Debo evitar que las personas utilicen la palabra "literalmente" de manera literalmente equivocada.

Debido al uso excesivo e incorrecto de la palabra "literalmente", la mayoría de los diccionarios actuales le han asignado al término los siguientes significados: (a) de manera literal, exactamente y, (b) utilizado para enfatizar algo a pesar de no ser literalmente cierto.

Por ejemplo, tal vez hayan sido testigos o incluso participado de conversaciones como la siguiente:

"¡Estoy muerto, literalmente muerto!" dijo, elevando ambas manos al cielo, mientras nos contaba acerca de un incidente muy embarazoso.

"No, no, no estás literalmente muerto", respondí rígidamente. "Si hubieras muerto, no estarías aquí contándonoslo tan melodramáticamente, ¿no es cierto?".

"Uh, Mike, excelente forma tomar arruinar una historia genial", replicó, mientras todos me miraban mal.

Tristemente, cuando se trata del significado de "literalmente", sé que estoy luchando una batalla que no puedo ganar. Esto se debe a que, según muchos diccionarios actuales, la palabra "literalmente" ha sido ajustada y ampliada para reflejar su uso popular entre las personas. En otras palabras, el uso incorrecto de la palabra "literalmente" ha sido literalmente agregado al diccionario. La palabra "literalmente" ahora significa: (1) algo cierto de manera literal o en sentido exacto o, (2) una forma de enfatizar algo, a pesar de que no sea literalmente cierto. ¡Uf! Es como si los comités de los diccionarios ingleses hubieran sido ocupados por merodeadores iletrados comprometidos en saquear el idioma inglés de todos sus modales y susceptibilidades... o, tal vez, por adolescentes norteamericanos que ofrecen al idioma inglés la misma clase de respeto que los asaltantes vikingos le ofrecieron a las Hébridas escocesas.

¿Qué tiene que ver toda esta información con la Biblia? Bueno, muchos buenos amigos cristianos se enorgullecen en tomar la Biblia literalmente, es decir, literalmente en el sentido correcto de su significado. El compromiso con el denominado literalismo bíblico pretende ser un antídoto contra las llamadas interpretaciones liberales de los textos bíblicos. Sin embargo, les aseguro que nadie —ni los estridentes fundamentalistas, ni los conservadores tenazmente doctrinarios— interpreta la Biblia de manera inquebrantable, consistente y estrictamente literal. No se puede. Es imposible hacerlo, a menos que se le dé lugar a múltiples disparates. Permítanme demostrárselos, mientras les cuento una típica interacción que suelo tener, de vez en cuando, con estudiantes del seminario:

"Yo tomo la Biblia literalmente", me confesó un joven de barba y lentes, de veinti tantos años.

"Mmm, no. ¡No es así!", le respondí.

"Ejem, sí. Es así. ¡Gracias!".

"Bueno, cuando Jesús dice, 'Yo soy la puerta' (Juan 10:9), y 'Yo soy la vid verdadera' (Juan 15:1), ¿realmente piensas que Jesús es *literalmente* una puerta de caoba de 2 metros o que *literalmente* es una parra enredada al costado de una colina repleta de jugosas uvas rojas?".

"No, por supuesto que no, eso es estúpido. Es decir, la Biblia normalmente debería ser interpretada de manera literal en cuanto a lo gramático-histórico, pero siembre bajo la guía del sentido común".

"¿Histórico-gramatical? ¿Normalmente? ¿De veras? No estoy seguro, hermano. Por ejemplo, cuando el apóstol Pablo dice 'estas cosas' —refiriéndose a Génesis 16-21 con la historia de Abraham, Sara, Agar, y sus hijos Jacob e Ismael— deberían ser tomadas de forma 'alegórica', ¿acaso sugieres que Pablo estaba equivocado y que deberíamos deliberadamente leerlas yendo en contra de su estrategia de lectura apostólica? O, ¿qué ocurre con 1 Corintios 9:9-10 cuando Pablo explica Deuteronomio 25:4 acerca de no poner bozal al buey mientras trilla el grano y él lo aplica en el sentido espiritual o social de compartir con los demás los recursos materiales que poseemos? ¿Acaso reprenderías a Pablo por su interpretación espiritualizada y socialista de la legislación Mosaica en lo referente a la cría de animales?".

El joven hizo una larga pausa, buscando en su mente una respuesta o algún contraejemplo. Antes que lo hiciera, agregué: "Y ni siquiera me hagas hablar de una interpretación literal del Libro de Apocalipsis. En un lugar, Juan nos dice que su libro debía ser entendido *espiritualmente,* al menos en relación con Jerusalén donde mueren los dos testigos, pues en la visión de Juan, la ciudad de Jerusalén representaba y repetía la idolatría y rebelión de las antiguas Sodoma y Egipto (Apocalipsis 11:8). Es más, ¿acaso Juan pensó que Jesús realmente tiene tatuado en su pierna la frase 'REY DE REYES Y SEÑOR DE SEÑORES' (Apocalipsis 19:16) y que de su boca sale una espada voladora (19:15-21)? No lo creo. Y luego podríamos ahondar en las parábolas de Jesús, o el Cantar de los Cantares, o los salmos imprecatorios".

TOMAR LA BIBLIA EN SERIO NO SIEMPRE EQUIVALE A TOMARLA LITERALMENTE

Nadie, es decir, nadie puede ofrecer una interpretación consistentemente literal de la Biblia. Para mí, este asunto de tomar la Biblia literalmente, aunque suele considerarse como una señal de conservadurismo, es simplemente una cortina de humo y una distracción sin sentido de la verdadera lucha de discernir la voluntad de Dios en la Santa Escritura. **El verdadero problema no es si acaso tomamos *literalmente* la Biblia, sino si acaso tomamos *seriamente* la Biblia.** ¿Acaso somos serios acerca de su idioma, sus contextos históricos, sus géneros literarios, sus complejidades, los problemas que nos lanza, su poder inspirador, su belleza, la enérgica naturaleza de sus mandamientos, su distancia histórica y su rareza cultural, y cómo vivir obedientemente bajo sus promesas? Eso es lo que importa; no el compromiso con alguna clase de estándar de oro llamado literalismo bíblico. La fe cristiana no requiere literalismo bíblico; en cambio, requiere esfuerzo serio y sobrio para soportar su peso —¡generalmente, un peso mucho mayor del que podemos soportar! Es debido a esto que estudiamos la Biblia como parte de una comunidad, una comunidad que nos rodea y tiene maestros y pastores, una comunidad con miembros que ya han ingresado a la Jerusalén celestial antes que nosotros, y cuya sabiduría colectiva es nuestra herencia.

En lo que sigue, explicaré cómo tomar seriamente la Biblia; no mediante el literalismo estricto, sino a través de la comprensión de su "significado". Después de esto, brindaré algunos consejos para su interpretación.

EL ASUNTO DEL SIGNIFICADO Y EL SIGNIFICADO DEL ASUNTO

¿Alguna vez tuvieron una discusión o desacuerdo con alguien acerca del significado de un texto bíblico? Probablemente han escuchado declaraciones como: "Pienso que lo que Juan quiere decir es..." o "Lo que significa para mí es..." o "No, no creo que signifique eso". Sin embargo, detengámonos por un segundo y hagamos una pregunta más básica. ¿Qué es el "significado"? Cuando decimos que un texto "significa" algo, ¿qué estamos queriendo decir? Cuando hablamos de "significado", ¿qué es lo que "literalmente" estamos queriendo decir con eso? ¿Cómo es que se produce el significado? ¿Dónde podemos encontrarlo?

Dos clases de comprensión

Pienso que ayudaría si distinguiéramos la interpretación como **comprensión literaria** de la interpretación como **significado y aplicación**.

Primero, cuando lees algo como "Al entrar Jesús en Capernaúm, se le acercó un centurión pidiendo ayuda", comprendes o entiendes que el texto dice que Jesús entró a una villa de Galilea llamada Capernaúm y mientras estaba en las inmediaciones de Capernaúm, un centurión vino a él y le pidió ayuda (Mateo 8:5). En tu mente, analizas inconscientemente, describes y parafraseas la información presentada a ti en el texto bíblico. De este modo puedes repetir la información cuando se te consulte. Esta es la interpretación como comprensión básica del texto.

Segundo, más allá de la comprensión literaria, existe una clase de comprensión que tiene que ver con el significado, es decir, con pensar detalladamente acerca de las implicaciones de un texto y de las diferentes formas en que este puede resonar contigo. Aquí, la comprensión va más allá de entender la información básica y es un tipo de asociación que haces, de manera consciente o no, entre el texto bíblico y otras cosas que tienes en tu propia enciclopedia mental. Aquí nos preguntamos, a qué me recuerda, en qué me hace pensar y con qué relaciono este verso, este pasaje, este capítulo, o este libro. Verás, el significado es la red de conexiones que hacemos entre un texto, otros textos y nuestras propias experiencias en el mundo. El significado de un texto es en sí toda la información relacionada que se ilumina dentro de tu cabeza mientras lees un texto. Lo que un texto significa para ti es básicamente lo que sucede en tu mente cuando intentas relacionar el texto con lo que ya conoces. ¿Cómo se relaciona la información en el texto con lo que ya crees y conoces intuitivamente? Es más, la información adquirida a partir de la lectura del texto luego es agregada a tu conjunto de conocimientos literarios y archivada cognitivamente hasta que una experiencia posterior requiera que recuerdes dicha información.

Por ejemplo, cuando leo la parábola de los mayordomos infieles en Marcos 12:1-12, muchas cosas vienen a mi mente:

- Diferentes versiones de la parábola también se encuentran en Mateo, Lucas, e incluso en el Evangelio de Tomás.
- La parábola parece ensayar Isaías 5 donde Israel es la viña y Dios el dueño.
- La parábola funciona como otra predicción de la pasión de Jesús como también lo hace Marcos 8:31; 9:12, 31 y 10:33-34.
- El hijo que es secuestrado, asesinado, y luego arrojado fuera de la viña obviamente representa a Jesús, y los labradores malvados son los líderes de Jerusalén.
- El verso clave es el 9, que dice: "¿Qué hará el dueño? Volverá, acabará con los labradores, y dará el viñedo a otros", lo que convierte a la parábola en un oráculo de juicio contra los sumos sacerdotes, los maestros de la ley y los ancianos.
- La mayoría de las parábolas que dio Jesús en el Evangelio de Marcos se encuentran dentro del contexto de conflicto con sus rivales socio-religiosos.

- El Salmo 118, que es citado al final de la parábola, es uno de los salmos más citados en todo el Nuevo Testamento.
- Este texto sería muy difícil de predicar, pues la aplicación no sale a la luz automáticamente. Tal vez podría decir que la idea principal es "No seas un labrador malvado" o, tal vez, "Disfruta del viñedo que Dios te ha dado".
- Creo haber visto en YouTube una buena explicación para niños acerca de este pasaje, o su paralelo en Mateo.

Y esto es, a primera vista, lo que Marcos 12:1-12 y la parábola de los labradores malvados significan para mí. Sin embargo, esto obviamente no es todo lo que puede significar ni todo lo que significa. Otras personas —del pasado, del presente, y del futuro— pueden detectar otras resonancias, connotaciones y aplicaciones más allá de lo que yo he dicho.

La trinidad del significado: autores, textos y lectores

Así que el "significado", en un primer nivel, es cómo comprendemos el relato básico dentro de un texto o las características de un argumento que este expone. No obstante, en un segundo nivel, el significado es lo que recordamos y pensamos cuando leemos un texto. Ahora bien, si aumentamos el nivel de intensidad, los intérpretes bíblicos van más allá de esto y se interesan por hallar el lugar preciso del significado dentro de un texto bíblico. ¿De dónde proviene el significado bíblico? Hay algunas opciones específicas que se presentan ante esta pregunta. Estas opciones son: el autor, el texto y el lector. ¿Acaso hallar el significado se trata de descifrar alguna de estas tres opciones? ¿Tal vez una combinación de ellas? ¿O acaso debemos seguir otro camino para conocer cómo los textos dan y reciben significado de los intérpretes?

¿La intención del autor?

Para algunas personas, el significado es equivalente a la **intención del autor**. Así que, una vez descifrado lo que el autor quiso decir a su audiencia, conoceremos lo que el texto significa. La tarea del lector es descifrar del texto lo que el autor quiso decir, y eso es la suma de todo el significado. ¡Simple! Bueno, esto no es así, pues en esta concepción se presentan dos problemas:

En primer lugar, no siempre nos es claro lo que Dios (o incluso un autor humano) quiso comunicar en un texto bíblico. No es como si Dios nos hubiera dado una lista de respuestas al final de la Biblia o como si pudiéramos entrevistar al autor para verificar si entendimos el punto principal. Los autores no siempre son claros acerca de lo que estaban hablando. Por ejemplo, ¿qué quiere decir Pablo cuando dice: "Si la mujer no se cubre la cabeza, que se corte también el cabello; pero, si es vergonzoso para la mujer tener el pelo corto o la cabeza rasurada, que se la cubra"? (1 Corintios 11:6). Tengo algunas ideas al respecto, pero no tengo la certeza, y pienso que nadie puede estar seguro de cuál sea la intención de Pablo aquí.

En segundo lugar, los autores pueden ser más sabios de lo que ellos piensan, y sus palabras frecuentemente pueden asumir un significado que excede lo que ellos pensaron. Consideren lo siguiente: ¿acaso el profeta Isaías pensó que el siervo sufriente (descrito en Isaías 53) hacía referencia a Israel, a él mismo, a alguna persona sin especificar, o a Jesús? Si lees el Libro de Isaías, el siervo parece ser Israel o un profeta que representa a Israel, pero la profecía adquirió toda una nueva vida entre los judíos y cristianos de los siglos posteriores. ¡Los cristianos identifican naturalmente que Isaías 53 habla de Jesús! Por lo tanto, los textos pueden significar y significan muchísimo más de lo que el autor propuso originalmente. Del mismo modo, un texto puede activar en los lectores ciertos significados que estén fuera de los límites de la imaginación del autor cuando dicho texto toca un conjunto particular de experiencias. No hay nada radical ni extraño en esto. Simplemente confirma lo que todos sabemos: el significado es una cuestión del contexto. La lectura de algunos de los mandamientos bíblicos referentes a la esclavitud (Levítico 19:20; 25:44-46; Deuteronomio 23:15) evocarán cosas diferentes para un colono anglosajón blanco en la Norteamérica colonial del siglo diecinueve, que para las iglesias urbanas multiculturales norteamericanas del siglo veintiuno.

¿Dentro del texto?

Para otras personas, el significado se trata del relato, la retórica y la dinámica **dentro del texto**. El significado es completamente independiente de la intención del autor y se encuentra exclusivamente en el texto con sus múltiples posibilidades. La tarea de la interpretación, por lo tanto, es descubrir las características históricas y el poder persuasivo del texto. ¡Olvida al autor, deja que el texto hable por sí solo! Sin embargo, parece extraño leer un texto sin respetar la intención del autor y sin examinar cómo responden los lectores al mismo. Estoy seguro que una primera lectura de *Romeo y Julieta* sería una experiencia muy interesante para alguien que nunca haya leído Shakespeare. Se podría interpretar la emoción, el romance y la tragedia de la historia. Y aún así, nos guste o no, sería difícil imaginar dar sentido a las obras de Shakespeare sin respetar al autor, a la Inglaterra Isabelina junto con su literatura, y a los expertos en literatura shakespeariana. Los textos no son niños; no pueden deambular a su antojo, hacer lo que quieran, despotricar cuando gusten; no, los textos tienen un padre en su autor y guardianes en sus lectores.

¿En manos de los lectores?

Luego, para otras personas, el significado no tiene nada que ver con el autor o con el texto; sino que el mismo se encuentra solo en el lector. Los autores no son accesibles, los textos no tienen un significado predeterminado y, por lo tanto, el significado es creado por el acto de leer. Para dar un ejemplo descarado, el erudito Dale Martin le gusta ilustrar este punto poniendo la biblia sobre un atril de conferencias y luego dar unos pasos hacia atrás. Posteriormente, invita al público a escuchar lo que la Biblia les "dice". Pasados unos minutos de incómodo silencio, suele decir: "Aparentemente, la Biblia no puede hablar", queriendo decir en realidad que "Los textos no 'dicen' nada: deben ser leídos".[1] Martin cree que, aunque los autores tuvieron intenciones, estas no equivalen al significado del texto. El significado no está restringido por el autor ni por el texto, sino por el contexto social y la comunidad del lector, el cual es atraído hacia ciertas formas de lectura y empujado hacia interpretaciones particulares.[2] Para quienes defienden interpretar la Escritura desde un enfoque centrado en el lector, uno no puede tener una única lectura "correcta" de un texto. Esto se debe a que cada persona y cada comunidad tienen su propia verdad, la cual puede ser hallada en el texto. Esto resulta en una explosión de múltiples enfoques para la lectura de la Biblia donde las Escrituras significan cosas distintas para cada persona o cada grupo. Puedes tener diferentes interpretaciones, como la feminista, *queer*, afroamericana, postcolonial, liberacionista y Marxista. Las posibilidades son ilimitadas; incluso puedes tener una lectura evangélica emo-ecológica-estoniana de Levítico que sea tan válida como la de cualquiera que lea Levítico. O, en cambio, podrías refugiarte en una suerte de estricto individualismo: "Esto es lo que la Biblia significa para mí, lo que dice a mi corazón, y cómo me habla".

---

1. Dale Martin, *Sex and the Single Savior: Gender and Sexuality in Biblical Interpretation* (Louisville, KY: Westminster John Knox, 2006), 5.

2. Martin, *Sex and the Single Savior*, 6, 14–15.

Ahora bien, deberíamos admitir que los textos pueden ser, en cierto sentido, abiertos —trayendo consigo toda clase de posibilidades de significado, provocando en los lectores un determinado rango de respuestas, y ser leídos de manera diferente en distintas comunidades. No se discute que tu situación personal, tu ubicación, tu cultura, tu historia, y cualquiera de los grupos a los que perteneces dan forma a la manera en que lees libros como la Biblia. Esto es evidente, y algo bueno, pues leer la Biblia a través de los ojos de otras personas puede ser extraordinariamente enriquecedor.

El problema es que utilizar un enfoque estrictamente centrado en el lector para hallar el significado de un texto presupone que los lectores son autónomos y absolutos, y que los textos no son más que un espejo o una cámara de eco. Si esto es así, entonces todo lo que ves u oyes en un texto es lo que tú y tu comunidad traen consigo. Con todo, parece obvio que la lectura es una experiencia transformadora, debido precisamente a que existe algo "más" en el texto, algo más que nosotros, lo cual nos desafía y nos cambia en el acto de leer. Se vuelve posible leer contra las presuposiciones de nuestra propia comunidad y utilizar textos para criticar nuestro propio contexto, para contender con ciertas normas, ¡e incluso desafiar nuestra propia forma de pensar! Por otra parte, ¿cómo podemos corregir una lectura incorrecta sin referirnos al autor o al texto? ¿Cómo rechazamos, digamos, una lectura de la Biblia que apoya la esclavitud, la segregación, la violencia y la opresión, sin hacer referencia al autor, al texto y a otros lectores? Si el lector siempre está en lo correcto porque esto "es verdad para él", entonces no puedes criticar ni desafiar ninguna interpretación, pues todas son tratadas como autovalidantes e igualmente admitidas. Somos forzados a adoptar la posición de que los mandatos bíblicos contra el casamiento entre hebreos y cananeos (Deuteronomio 7:2-4; Josué 23:12-13; Esdras 9:14) pueden ser usados para legitimar el prejuicio hacia parejas interraciales si tal es el marco o la presuposición que tienen algunos lectores. Sin embargo, la Biblia nos obliga a actuar de cierta forma, frecuentemente contra nuestra cultura, contra nuestros supuestos, contra nuestras propias comunidades —visto particularmente en los mandamientos de amar a Dios y amar a nuestro prójimo— por lo que un texto puede poner límites —y lo hace— a los significados que los lectores obtienen de él.

¿Dónde se encuentra el significado?

Entonces, ¿dónde reside el significado: en el autor, en el texto o en el lector? En mi mente, la interpretación (el acceder a lo que llamamos "**significado**") se trata de la **fusión de los tres horizontes juntos**. Tomamos en cuenta la *intención* de los autores, la *dinámica* dentro de los textos y la *comprensión* de los lectores, y lo que llamamos "significado" ocurre cuando se fusionan los tres. Finalmente, el significado es la red de conexiones que realizamos entre el mundo detrás del texto (el horizonte del autor), el mundo dentro del texto (el horizonte literario) y el mundo que habitamos frente al texto (el horizonte del lector). Mientras más conexiones hagamos, y mientras más firmes estas parezcan ser, más preferible se vuelve un significado particular asignado al texto, pues explica más de las características que rodean nuestra experiencia de lectura.[3]

Consecuentemente, una buena interpretación o una forma preferencial de significado, es algo que da sentido a la intención del autor en su propio contexto histórico, ya sea el Israel antiguo o la iglesia primitiva; es algo que explica y da cuenta de todas las afirmaciones y descripciones dentro del texto; y es algo que es eminentemente identificable con nosotros, los lectores. En general, el significado incluye lo que el autor nos diría a nosotros en la actualidad, cómo los textos bíblicos nos desafían y nos energizan, y cómo nuestras iglesias imaginan responder hoy día a un texto determinado.

CONSEJOS PARA LA INTERPRETACIÓN

Uno de los consejos que doy a los laicos y a los estudiantes para comprender un texto bíblico es el eslogan "C4". No, no me refiero a un tipo de explosivo plástico, sino a cuatro letras que comienzan con la letra *c*: contexto, contenido, interés (*concern* en inglés) y aplicación contemporánea. Al leer la Biblia, deberías ser consciente del C4.

Contexto

En primer lugar, existe la importancia del **contexto**. El reconocido erudito Ben Witherington suele decir: "Un texto sin contexto es solo un pretexto para lo que sea que quieras decir".[4] Una frase como tal es digna de ser memorizada, pues todos conocemos el problema de sacar algo de contexto, ya sea una frase de un libro, una broma, algo de un período histórico anterior, o casi todos los comentarios que hago acerca de cómo cocina mi esposa.

---

3. Ver Anthony C. Thiselton, *The Two Horizons: New Testament Hermeneutics and Philosophical Description with Special Reference to Heidegger, Bultmann, Gadamer and Wittgenstein* (Grand Rapids: Eerdmans, 1980), 439–40.

4. Ben Witherington, *The Living Word of God: Rethinking the Theology of the Bible* (Waco, TX: Baylor University Press, 2009), 70.

El contexto realmente es el rey de la interpretación, pues es la atmósfera histórica y literaria en la cual tiene lugar la comunicación. Toda comunicación es contextual y es conformada por múltiples contextos, incluyendo el escenario histórico del texto, los propios ambientes literarios del texto, y el contexto canónico más amplio.

Ben Witherington demuestra cómo el prestar atención al contexto puede ayudarnos a evitar interpretaciones extrañas:

Hace casi veinte años, recibí una llamada de un feligrés de una de mis cuatro iglesias Metodistas en Carolina del Norte. El hombre deseaba saber si estaba bien criar perros, pues su amigo carpintero le había dicho que en algún lugar de la Biblia KJV decía que el pueblo de Dios no debería hacer tal cosa. Le contesté que buscaría todas las referencias que la Biblia tuviera acerca de perros y resolveríamos el asunto. No había nada que fuera relevante en el Nuevo Testamento, sin embargo, me topé con una traducción peculiar de un verso del Antiguo Testamento que decía: "No os uniréis con los perros".

Llamé al miembro de mi iglesia y le dije: "Tengo buenas y malas noticias para ti". Me pidió que primero le diera las buenas noticias. Le dije: "Bueno, puedes criar todos los cuadrúpedos peludos que quieras, no hay nada en la Biblia que se oponga a ello". Luego, me pidió que le dijera las malas noticias. Le respondí: "Bueno, existe un versículo que llama 'perros' a las mujeres extranjeras y advierte a los israelitas que no deben unirse a ellas". Hubo un silencio embarazoso al otro lado de la línea, hasta que finalmente el Sr. Smith dijo: "Bueno, me siento mucho más aliviado; ¡mi esposa Betty Sue vivía apenas a unas cuadras de casa en el Condado de Catham!".[5]

Ya hemos notado la importancia de conocer un poco del **contexto histórico** en el capítulo 4, cuando hablamos del "aquel entonces" de los textos bíblicos. Si fuéramos sabios lectores de la Biblia, sabríamos que estamos lidiando con documentos antiguos y que la forma correcta de comprenderlos, de meternos dentro de ellos y aprovecharlos al máximo, es comprendiéndolos en el contexto de la antigüedad. Esto significa, entre otras cosas,

---

5. Ben Witherington, "Hermeneutics—What Is It, and Why Do Bible Readers Need It?", *Ben Witherington on the Bible and Culture.* www.beliefnet.com/columnists/bibleandculture/2008/10/hermeneuticswhat-is-it-and-why-do-bible-readers-need-it.html.

que debemos valernos de recursos que nos ayuden a comprender el texto en su propio escenario histórico.

También debemos entender el **contexto literario** del texto, es decir, su escenario literario inmediato. Esto es supremamente importante para lograr una correcta interpretación del texto. De lo contrario, terminaremos sacando de contexto palabras al azar para luego usarlas en cualquiera de las descabelladas formas que queramos. Suelo sonreír para mis adentros cada vez que veo una iglesia con un cartel en su frente con las palabras memorables del Salmo 46:10, "Quédense quietos, reconozcan que yo soy Dios". Muchos pastores y miembros de la iglesia tratan este verso como si dijera que uno debería detenerse y relajarse por un momento, alejarse de los asuntos de la vida cotidiana, hallar un lugar tranquilo, disfrutar de un poco de paz y serenidad, y reflexionar acerca de lo maravilloso que es Dios. El problema es que los sentimientos de tranquilidad y paz interior no tienen nada que ver con este versículo. El mismo se trata de sentarse y ver a Dios aplastar a tus enemigos, pues él no permitirá que las naciones que se oponen a los hijos de Jacob triunfen sobre ellos. Sí, quédate quieto y conoce que Dios es Dios... mientras él desata su juicio apocalíptico sobre tus adversarios. O, en cambio, consideremos Mateo 18:20 donde Jesús dijo: "Porque donde dos o tres se reúnen en mi nombre, allí estoy yo en medio de ellos". Así, aunque solo dos o tres personas concurran a la reunión del grupo de oración o al culto, Dios sigue estando con ustedes. Tal vez sea así, pero el discurso de Mateo 18 trata acerca de la disciplina eclesial y la excomunión. Cuando dos o tres se reúnen para impartir disciplina a un miembro descarriado de la iglesia, sí, Dios verdaderamente está con ellos. Un último ejemplo es la conocida invitación de Jesús en Apocalipsis 3:20, "Mira que estoy a la puerta y llamo. Si alguno oye mi voz y abre la puerta, entraré, y cenaré con él, y él conmigo". Estas conmovedoras palabras han sido usadas en muchos tratados y sermones evangelísticos; sin embargo, estas palabras no son una invitación evangelística, sino forman parte de un llamado dirigido a la iglesia de Laodicea, con el fin de que tengan una comunión más íntima con Cristo.

Existe además un **contexto canónico**, es decir, que leemos cada libro de la Biblia no como un documento independiente, sino como una parte de un gran e inconfundible cuerpo literario, el canon bíblico. Cada texto bíblico tiene su lugar dentro de la trama única de la historia redentora que nos es presentada desde Génesis a Apocalipsis. Esto tiene implicaciones para la manera en que consideramos pasajes como el de Génesis 3:15 (la simiente de Eva aplastará la cabeza de la serpiente) y su cumplimiento proyectado en Jesús según Apocalipsis 12 (Cristo y el pueblo de Dios derrotarán al dragón). De la misma manera, el pesimismo acerca de la vida después de la muerte en Eclesiastés 9 debe ser contrabalanceado con la esperanza de la vida eterna en el Evangelio de Juan, Romanos 8:31-39 y Apocalipsis 21-22. Nuestra interpretación de una parte de la Escritura debe ser informada, balanceada, o incluso corregida por nuestras lecturas en otras partes de ella.

Por supuesto, al tomar este enfoque canónico existe el peligro de simplificar lo que es característico en un libro bíblico o de que le impongamos las conclusiones de nuestras lecturas canónicas más amplias. Déjenme decirles que he tenido alumnos que insistían en que Daniel 7, y su descripción de la llegada del Hijo del Hombre, sin duda debía tratarse acerca de la segunda venida de Jesús, debido a que Mateo 24 era la correcta interpretación de Daniel 7. Para ser sincero, pienso que Daniel 7 no tiene nada que ver con la segunda venida de Jesús; se trata de la vindicación del pueblo de Dios, el reino de Dios y del rey mesiánico de Dios frente al mundo pagano. También he escuchado sermones acerca del Evangelio de Mateo donde tanto las ideas como los temas expuestos por el predicador sonaban peculiarmente Paulinos en lugar de Mateanos, como si Mateo fuera solo un pseudónimo de Pablo. Tristemente, muchas interpretaciones canónicas realmente no conectan a Daniel con Mateo o a Mateo con Pablo; solo terminan distorsionando el primer texto bíblico, leyendo extrañamente sobre este el otro texto. Es una trampa en la que todos caemos de vez en cuando.

También podemos señalar que ciertas tensiones canónicas necesitan ser resueltas. Por ejemplo, en Deuteronomio existen mandamientos de Dios de matar a los enemigos tribales de Israel que contrastan con la enseñanza de Jesús en Mateo, la cual llama a amar a nuestros enemigos. Pablo realiza argumentos apasionados acerca de la justificación por fe, mientras que Santiago afirma que la fe no justifica por sí sola. O los llamados a preservar la pureza étnica de Israel en Esdras, contra la afirmación de Pablo de que la iglesia debería ser una comunidad multiétnica de creyentes. Estas tensiones entre los textos no deberían sorprendernos, pues la Biblia no es tanto un libro, sino una biblioteca de la historia nacional y religiosa de Israel, la historia de Jesús y el residuo literario de los comienzos de la iglesia cristiana. Así que podemos esperar que sea normal algo de diversidad, teniendo en cuenta la multiplicidad de voces que podemos encontrar en la Biblia.

Ahora bien, este es el principio fundamental que debemos considerar: dejemos que cada texto sea él mismo, traten de comprenderlo en sus propios términos, tomen seriamente su individualidad, pero después de esto, no teman en ponerlo a dialogar con el canon bíblico más amplio. De hecho, es deseable que usemos todo el canon bíblico para interpretar mutuamente las partes individuales. Si juntamos Isaías, Hageo, Pablo, Lucas y Juan para dialogar acerca del significado de la creación, la salvación, la ética, la adoración o el amor, ¿qué aportaría cada uno de ellos a la conversación? ¡De eso se trata la interpretación canónica! Usar el contexto canónico significa que buscamos conocer de qué forma cada texto bíblico es genuinamente iluminado, cumplido o perfeccionado al ser leído junto con todos los demás textos de la Biblia. Seguir un enfoque canónico significa permitir que cada parte del canon escritural hable por sí misma, pero también significa usar la Escritura para interpretar la Escritura, tejiendo entre sí cada conflicto textual aparente para producir un consenso canónico. ¡El enfoque canónico es la verdadera esencia de la interpretación protestante! Los primeros Reformadores estaban interesados en leer la Escritura a la luz del argumento global de la Escritura. Estaban interesados en dejar que la Escritura interpretara la Escritura, en lugar de permitir que su interpretación fuera definida por una larga cadena de tradiciones que culminaban en las últimas declaraciones de la Santa Sede. La Escritura es lo que dio impulso a los Reformadores para ir contra la corrupción percibida de la iglesia medieval y sus tergiversaciones de Jesús y de los apóstoles.

Así que el contexto —histórico, literario y canónico— es vitalmente importante para la interpretación; por lo tanto, siempre deberían leer un texto con estos tres contextos en mente.

Contenido

En segundo lugar, existe el **contenido**, donde nos embarcamos en una lectura detallada del texto bíblico, analizamos los temas principales a los cuales se refiere el texto, e identificamos los múltiples recursos literarios que este contiene. Hay muchos componentes que conforman el contenido, y ahora vamos a explorar algunos de ellos.

Vale la pena conocer acerca del **género**. Con género nos referirnos a cosas como estilo, tipo, tema, perspectiva o categoría de algo perteneciente al arte, la música y la literatura. Podríamos decir que el género es un conjunto de características textuales reconocibles, que traen consigo pistas acerca de la intención del autor, al mismo tiempo que activan expectativas en el lector acerca de cómo se supone que se debe entender el texto. El género es como un contrato preacordado entre el autor y el lector acerca de cómo serán aplicadas las reglas de significado en la lectura del texto. El género nos dice de qué manera un texto se relaciona con el autor y con la realidad, y cómo esto debe ser aplicado. Un libro que comienza con, "Érase una vez…", debería ser interpretado de manera diferente a una etiqueta en un contenedor plástico que diga: "Tomar tres veces al día junto con las comidas". Al leer textos bíblicos, el conocer el género de una narrativa histórica, un salmo, un proverbio, un libro profético, un Evangelio, una carta, o un apocalipsis nos ayudará a entender la manera en que el texto se relaciona con la realidad y la forma en que debemos relacionarnos con él. Luchar con un texto bíblico significa conocer la importancia del género y entender la manera en que funciona, junto con sus múltiples convenciones, el género del texto bíblico que estás leyendo. De hecho, yo diría que conocer algo acerca del género de las historias de creación del antiguo Oriente Próximo es vital para entender Génesis 1-3, al igual que conocer acerca de los escritos apocalípticos judíos es obligatorio para poder comprender el Libro de Apocalipsis. De otra forma, corremos el riesgo de cometer errores de categoría, tomando algo de forma literal cuando debería ser entendido de manera figurada, o tomando algo figurativamente cuando debería ser entendido literalmente. El conocer el género de un libro bíblico, y conocer las convenciones y expectativas de un género dado, nos ayuda a evitar muchos errores de interpretación.

Seguir la **historia** es importante para cualquier análisis de la Biblia, ya que muchas partes de la Escritura, desde Génesis hasta Apocalipsis, son una historia. Esto puede incluir la caracterización, la trama, la tensión de la trama, el punto de vista del narrador, los apartados editoriales, la ironía, el humor, la repetición de temas, la tragedia, etcétera. La finalidad es comprender la manera en que la historia se desarrolla —dónde se encuentran las tensiones, dónde está la resolución— e imaginar el impacto que dicha historia busca tener en los lectores. Al leer relatos bíblicos, ya sean de 1 Reyes o las parábolas de Jesús, el desafío para los lectores es entender cómo la historia crea significado, y cómo deberíamos apropiarnos de ella en la actualidad.

Las **características retóricas** deben ser tenidas en cuenta puesto que la Biblia contiene su propio conjunto de propiedades retóricas. Por retorico no me refiero a palabras vacías o exageraciones; en cambio, me refiero a cómo las partes de la Biblia buscan persuadir, y no simplemente impartir información a alguien, sino moverlo hacia un determinado punto de vista. Por ejemplo, en los profetas mayores y en las epístolas del Nuevo Testamento, encontramos unidades que utilizan una mezcla de prosa poética y lenguaje emotivo con el fin de persuadir a los lectores a pensar de una cierta forma, a emprender acciones particulares, o adoptar una cierta perspectiva. En Romanos 8, Pablo apuntaba —a través de su argumento intrincadamente tejido— a llenar de esperanza a los lectores, a conducirlos a resistir la carne y seguir la guía del Espíritu, a que entendieran el lugar que ocupaban dentro de la historia divina de salvación, e inspirarlos con una visión del amor de Dios. También podemos ver el Libro de Jeremías, donde el profeta confrontó a los lectores usando prosa dramática llena de similitudes y metáforas acerca del amor pactual de Dios hacia los exiliados, y explicó cómo Dios habría de terminar con aquel período de luto, para luego restaurar la nación, e inaugurar un nuevo pacto. Los lectores deben prestar atención a cómo la Biblia trata de persuadirlos —a través de imágenes y argumentos, mandamientos y metáforas— a que adopten cierto punto de vista o conducta particular.

¿SABÍAS QUE...?

Los cinco pasajes del Antiguo Testamento más citados y aludidos en el Nuevo Testamento son los siguientes:

- Salmos 110:1
- Levítico 19:18
- Salmos 2:6
- Salmos 118:22-23
- Daniel 7:13-14

Los lectores aplicados deberían prestar atención a la **intertextualidad**, que es la manera en que un libro bíblico hace referencia a otros libros bíblicos. Todo texto es, de cierta forma, un diálogo con un texto previo. Esto lo experimentamos en nuestra propia cultura. Si sospechamos que alguien está mintiendo, podríamos insinuar que su nariz está creciendo, haciendo alusión a la historia de Pinocho. De manera similar, los textos bíblicos pueden evocar textos bíblicos previos. Por ejemplo, la profecía de Jeremías de que los exiliados languidecerán en Babilonia por "setenta años" (Jeremías 25:11-12; 29:10) es evocada por Daniel en las "setenta semanas", o 490 años, para lidiar con el pecado y establecer expiación (Daniel 9:24). O cuando Pablo dice que "Cristo, nuestro Cordero de Pascua, ha sido sacrificado", está evocando la historia del éxodo y la primera Pascua (Éxodo 12; 1 Corintios 5:7). Lo mismo sucede con la respuesta de Jesús a Caifás durante su juicio, "Y ustedes verán al Hijo del Hombre sentado a la derecha del

Todopoderoso, y viniendo en las nubes del cielo" (Marcos 14:62, que alude a Daniel 7:13), el cual habla de uno como Hijo de Hombre llegando frente al Anciano de Días, y al Salmo 110:1, que habla de un rey Davídico siendo entronizado junto al Señor de Israel. A veces, la intertextualidad puede ser muy dramática e importante, tal es el caso cuando Jesús dice: "Antes de que Abraham naciera, ¡yo soy!" (Juan 8:58), el cual es una reversión a cuando el Señor anunció su nombre a Moisés, "Yo Soy el que Soy" (Éxodo 3:14). Por lo tanto, es vital que, cuando leamos la Biblia, estemos constantemente observando dónde y de qué manera se están citando los textos bíblicos, se hace alusión a historias bíblicas, y son reflejados y reutilizados los temas bíblicos. Estos pasajes intertextuales son grandes pistas para descifrar lo que están tratando de hacer los autores bíblicos (ver el apéndice al final del libro, "Los cinco pasajes del Antiguo Testamento más citados en el Nuevo Testamento").

Una característica significativa del contenido de cualquier texto bíblico son las múltiples **exhortaciones** y **mandamientos** que realizan los autores. Los escritores bíblicos le dicen a la gente que se comprometa a seguir ciertos comportamientos y se abstenga de otros, que piense y actúe de cierta manera, o que aparte de sus mentes ciertas actitudes o acciones. Una de las cosas más sencillas de hacer en un estudio Bíblico de un texto instructivo, como Proverbios o 1 Juan, es subrayar todas las palabras que emiten mandamientos y fijan expectativas. Luego, se debe tratar de determinar si los mandamientos son transferibles a nosotros de forma directa, son transferibles por analogía, requieren reinterpretación cultural o solo se limitan al contexto original.

Por ejemplo, "No matarás" (Éxodo 20:13) es directamente transferible; nunca es bueno asesinar gente, siempre es malo. "Yo, Pablo, les digo que, si se hacen circuncidar, Cristo no les servirá de nada" (Gálatas 5:2), es transferible por analogía; a pesar de que es improbable que te topes con judíos proselitistas en tu congregación que ordenen circuncidarse a los hombres para asegurarles su completa conversión, ciertas personas marginales dentro de tu iglesia pueden tratar de defender una forma de ganar el favor de Dios a través de una mezcla de moralismo y legalismo. "Todo hombre que ora o profetiza con la cabeza cubierta deshonra al que es su cabeza" (1 Corintios 11:4), definitivamente necesita una reinterpretación cultural; nadie te confundirá con un adorador de dioses romanos y griegos si oras con un sombrero puesto, una capucha o un peluquín. Esta exhortación puede ser transferida a un principio general: no adoptes una forma de piedad que parezca una variante de prácticas paganas modernas, y asegúrate de que la esencia y el estilo de tu adoración honren a Dios. Un buen lector de la Escritura prestará debida atención a sus múltiples mandamientos y discernirá la manera en que estos mandamientos son aplicables y relevantes para nosotros y para la iglesia actual.

En resumen, cuando se trata de contenido, necesitamos conocer acerca de los géneros bíblicos, lo que son, cómo funcionan y a qué deberíamos prestarle particular atención. Conocer acerca de los géneros puede ayudarnos a evitar muchos errores. Es necesario, además, prestar atención a las historias bíblicas: cómo se desarrollan, cuáles son sus personajes, dónde se encuentra la tensión y cómo todo esto llega a una resolución. Enfócate especialmente en cómo aparece y cómo funciona Dios dentro de la historia. En los textos instructivos, aprende a seguir los argumentos, notando los puntos principales, el razonamiento y las características retóricas, y lo que hace que el argumento sea persuasivo. Otro gran tema es la intertextualidad o la manera en que los textos bíblicos citan y aluden a otros textos bíblicos. Esto es especialmente importante debido a que gran parte del N.T. se basa o replica temas del A.T. Finalmente, presta atención a los mandamientos y a las exhortaciones. Luego, con tu iglesia, familia y amigos, discierne si acaso tales mandamientos pueden ser vividos —y en qué forma— dentro de tu propio contexto.

Interés

Sé que puede sonar muy básico, pero descubrir cuál es el **interés principal** siempre ayuda a los intérpretes, mientras tratan de hallar la gran idea detrás del texto observando sus múltiples detalles. Para hacerlo más simple, has estas preguntas: ¿a qué quiere llegar el autor a través del texto? ¿Por qué el autor escribió el texto de esta forma? Y, ¿qué clase de respuesta estaba el autor tratando de activar en sus lectores? Esto es similar a hallar el propósito. Pero, más allá de eso, ¿qué clase de impacto previó el autor que tendría su texto en los lectores y con qué fin?

Otro pequeño consejo es preguntarse: "Si no tuviéramos este verso, este párrafo o este pasaje en particular, ¿qué nos estaría faltando?". Es muy útil poder leer un texto bíblico e identificar la idea principal del autor, su propósito y su motivación al escribir. No me refiero a adivinar sus motivos o a exponer una agenda secreta oculta en el texto; me refiero sencillamente a preguntar, ¿hacia qué tipo de forma de vida guiada por Dios el autor intenta persuadir a sus lectores mediante este texto bíblico?

Por ejemplo, yo diría que el interés principal de Mateo en el Sermón del Monte (Mateo 5–7) es presentar las enseñanzas de Jesús de un modo que acentúa el cumplimiento de varios temas del A.T., pero que al mismo tiempo enfatiza la novedad de dichas enseñanzas. Jesús no solo está dando la versión 2.0 de la Ley de Moisés; está dando la proclama del reino de los cielos. Esta es una nueva ley para un Israel renovado, para personas de la nueva era. O, por citar otro ejemplo, el interés principal de Marcos 15 no solo es narrar la historia de la crucifixión de Jesús, sino también mostrar, a través de la repetición de lenguaje real (repitiendo las palabras "rey" y "mesías"), que así es como viene el reino en poder; este es Jesús, el Rey Siervo, este es el Hijo del Hombre que da su vida en rescate por muchos. Los lectores deben desarrollar el hábito de ir más allá de lo que se dice en el texto; ¡deben buscar a lo que el autor quiere llegar!

Aplicación contemporánea

Por último, pero no por eso menos importante, nos enfocaremos en la **aplicación contemporánea**. La aplicación es el punto donde nos hacemos las siguientes preguntas: "¿Y qué hago con esto?" o, "¿De qué manera este texto cambia lo que creo o lo que hago?". En muchos textos bíblicos, esto se trata de recibir un conocimiento práctico básico acerca de Dios y sus acciones: Dios es bueno y lleno de gracia, Dios sacó a los hebreos de Egipto, Dios estaba molesto con el Rey Saúl, Jesús ordenó a Pablo que predicara su nombre a los gentiles, etc. En otros casos, se trata más de haz esto y no hagas aquello: ayuda al pobre y no cometas adulterio. Sin embargo, más allá del rudimentario *conoce esto* y *haz/no hagas esto otro*, podemos imaginar muchas más formas de aplicar la Biblia a nuestras vidas.

LA PEOR APLICACIÓN QUE EXISTE

A lo largo de mi vida, he escuchado algunas de las formas más descabelladas en las que la gente trata de aplicar la Biblia. En ocasiones, las aplicaciones son raras, en otras erróneas y, a veces, dan vergüenza ajena. Una vez me contaron de una aplicación particularmente *extraña* que involucraba a un pastor que supuestamente predicó Josué 6 y la caída de los muros de Jericó, y su aplicación fue en este sentido: "Hombre, si eres soltero, y hay una mujer aquí con la cual sientes que Dios te está mostrando que debes casarte, te invito a que camines alrededor suyo siete veces y toques tu trompeta, y los muros de su corazón se derrumbarán frente a ti". Existen las alegorías y después existen las locuras como esta. Te doy un consejo, si en algún momento encuentras que alguien está caminando alrededor tuyo siete veces, a menos que te encuentres en una pista de atletismo, ¡huye lejos y rápido!

Primero, podemos explorar la manera en que un texto bíblico nos conduce a una visión más amplia de Dios y de sus propósitos, especialmente respecto a la iglesia y al mundo. Textos bíblicos como Efesios 1, con la oración y la acción de gracias de Pablo, nos demuestran lo rico y lleno de sabiduría que es el plan de Dios. Del mismo modo, Apocalipsis 5, con la visión de Jesús como el Cordero de Dios *y* el León de Judá, es un retrato vívido y poderoso de Jesús como quien ejecuta el plan de Dios, que estuvo oculto desde la eternidad, para unirse a sí mismo con la creación mediante el Hijo eterno. Textos como estos expanden verdaderamente nuestra visión de Dios, pues nuestro Dios no es una deidad distante, sino el Padre glorioso, el cual es Alfa y Omega, aquel en quien vivimos, nos movemos y somos, el Dios que será todo en todos. La aplicación es en parte, maravillarnos ante la majestad de Dios como nos es presentado en la Escritura.

Segundo, podemos buscar la manera en que un texto bíblico da forma a nuestro caminar con Cristo y a nuestra vida en el camino de Cristo. Los textos bíblicos pueden hablarnos directamente de diversas formas, consolarnos en momentos de pena o ansiedad, reprendernos por nuestro mal comportamiento, llamarnos a una intimidad más profunda con Dios, y hacernos conscientes de las direcciones que da el Espíritu. La Escritura también nos sitúa en un lugar donde poder vivir fielmente y de manera distinta a como vive el mundo. Nos insta a asegurarnos de que lo que hablemos sea lo que vivimos. Las Escrituras nos guían acerca de cómo vivir como cristianos de manera auténtica y genuina.

Tercero, la aplicación contemporánea también requiere una imaginación moldeada por la Escritura. Un ejercicio que suelo hacer cuando enseño acerca de los Evangelios, es instar a los estudiantes para que compartan su propia versión de Lucas 15:11-32. Les digo que compartan una expresión contemporánea de la parábola del hijo pródigo, donde deben escribir una breve historia acerca de un padre amoroso, un hijo o una hija rebelde y un hermano mayor resentido, con el fin de subrayar la naturaleza de la escandalosa gracia de Dios hacia quienes no la merecen. Al final, las mejores aplicaciones son aquellas que brindan una sabia mezcla de fidelidad al mundo bíblico y una imaginación creativa acerca de cómo el texto bíblico se convierte en renovadamente relevante para nuestra actualidad.

SIENDO UN MEJOR LECTOR DE LA BIBLIA

Espero que este capítulo les haya dado algunas perspectivas útiles acerca de la complejidad de la interpretación de los textos bíblicos. Hemos visto cómo el significado de un texto bíblico es en realidad la integración meticulosa entre la intención del autor, el contenido textual en sí y las múltiples respuestas que los lectores han dado al mismo texto. Les he ofrecido mi propio conjunto de consejos para lograr desarmar un texto bíblico usando C4: *contexto* (explorando el escenario histórico, literario y canónico de un texto), *contenido* (investigando el género, la historia, el argumento, la intertextualidad y los mandamientos de un texto), *interés* (identificando la intención primaria del autor) y, *aplicación contemporánea* (preguntándonos, "¿Y qué hago con esto?", luego de una cuidadosa lectura del texto).

LECTURA RECOMENDADA

Fee, Gordon D. y Douglas K. Stuart. *How to Read the Bible for All Its Worth*. Grand Rapids: Zondervan, 2014.

Harvey, Angela Lou. *Spiritual Reading: A Study of the Christian Practice of Reading Scripture*. United Kingdom: James Clarke, 2016.

Strauss, Mark. *How to Read the Bible in Changing Times: Understanding and Applying God's Word Today*. Grand Rapids: Baker, 2011.

Wright, N. T. *Scripture and the Authority of God: How to Read the Bible Today*. New York: HarperOne, 2011.

6

EL PROPÓSITO DE LA ESCRITURA ES CONOCIMIENTO, FE, AMOR Y ESPERANZA

Me encantan los buenos "trucos para la vida". Ya sabes, esos bonitos consejos que crean atajos para ser más productivo y eficiente y te quitan de encima algunas de las molestias de la vida. El otro día encontré un gran truco para la vida que me mostró cómo usar mi teléfono para tomar una foto de una página de un libro y luego convertir la imagen en un documento de Word, a fin de no tener que escribir todas esas palabras. ¡Brillante! Me ahorró muchos minutos de tipeo. También existen fantásticos trucos para la vida, exclusivos para padres. Mi favorito, personalmente —si los niños pequeños no se quedan en sus habitaciones por la noche, pongan un calcetín en el picaporte de la puerta y sujétenlo con una banda de goma para que no se caiga. De esta manera, el niño no podrá sujetar el picaporte lo suficientemente fuerte como para poder abrir la puerta. He hecho esto, y funciona, aunque inevitablemente terminas con niños que van a dormir llorando a la entrada de sus habitaciones. Pero sí, me encantan los buenos trucos para la vida.

Sea como fuere, la Escritura no es una lista divina de trucos para la vida. Sí, contiene excelentes consejos para todo, que van desde la crianza de los hijos hasta hábitos de trabajo, matrimonio, y mucho más. Tanto el Libro de Proverbios como la carta de Santiago contienen consejos prácticos sobre *cómo* vivir con sabiduría y fidelidad ante Dios y los demás. Pero la Escritura no fue escrita para ayudarte a perder peso, encontrar una mejor carrera, ser más productivo en la oficina, ser la mejor versión de ti, o incluso descubrirte a ti mismo. Sí, las Escrituras cristianas pueden ayudarnos con los elementos mundanos de la vida, pero el verdadero propósito de la Escritura trasciende lo mundano y nos acerca al misterio de la persona de Dios, al amor de Dios y a la promesa de Dios de poner todas las cosas bajo el reino de Cristo. El propósito y el poder de la Escritura se experimentan en la disciplina de sumergirse uno mismo diariamente en el misterio de Dios tal como él se revela a sí mismo en su palabra.

Es la Escritura, bajo la guía del Espíritu Santo, y con la tutela de las tradiciones de nuestra iglesia, lo que nos permite alcanzar una transformación genuina y duradera. Es a través de empaparnos en las Escrituras que cultivamos la virtud, corregimos nuestro carácter, y nos amoldamos al patrón de Cristo. Puedes describir esto en palabras teológicas técnicas como "santificación" (es decir, volvernos más santos) o con descripciones generales como "piedad" (es decir, volvernos más como Dios en nuestro carácter). Si nos comprometemos en la lectura consistente y sabia de la Biblia, de manera individual y comunitaria, entonces, afortunadamente, cosecharemos muchos de los beneficios de marinar nuestras mentes en la Escritura.

Para expresarlo brevemente, me gusta decir que el propósito de la Escritura es que el pueblo de Dios alcance el conocimiento de Dios, profundice su fe, abunde en amor a Dios y amor a los demás, y disfrute de la seguridad de la esperanza: ¡estas son las cosas que obtenemos de la Escritura!

CONOCIENDO A DIOS

Uno de los propósitos de la Escritura es conocer a Dios: conocer quién es Dios, lo que Dios hace, el propósito de Dios para la creación, su propósito de poner todas las cosas bajo Cristo y que la iglesia reine con Cristo sobre la nueva creación. Esto significa, como podrías esperar, que ¡hay mucho para conocer sobre Dios! Afortunadamente para nosotros, Dios es el Dios que se revela a sí mismo. Es en la Biblia donde la autorevelación de Dios se puso en forma escrita; es decir, Dios inspiró a los autores a comunicar su voluntad divina a través de un medio escrito. Las Escrituras, en sus diversas formas, contienen el mensaje de Dios para nosotros, sabiduría para un estilo de vida conforme a Dios. **El conocimiento de Dios comienza con el conocimiento de la Escritura; así que, cuanto más conozcas de la Escritura, más conocerás a Dios.** Este conocimiento es necesario si queremos tener una relación con Dios, entrar en pacto con él, ser sus hijos, conocer a su Hijo, Jesucristo, y experimentar la obra reveladora del Espíritu Santo. La falta de conocimiento no es solo ignorancia; es el distanciamiento de Dios, la alienación del amor de Dios y el apartamiento de la oferta de reconciliación de Dios. Como dijo Oseas en su propio tiempo: "Mi pueblo fue destruido, porque le faltó conocimiento" (Oseas 4:6, RVR1960).

¿Qué es un cristiano? J. I. Packer escribe:

¿Qué es un cristiano? Los cristianos pueden describirse desde muchos ángulos, pero por lo que hemos dicho, podemos abarcar todo diciendo: los verdaderos cristianos son personas que reconocen y viven bajo la palabra de Dios. Se someten sin reservas a la palabra de Dios escrita en el "Libro de la Verdad" (Da. 10:21), creen en la enseñanza, confían en las promesas, siguen los mandamientos. Sus ojos están puestos en el Dios de la Biblia como su Padre, y en el Cristo de la Biblia como su Salvador. Ellos te dirán, si les preguntas, que la palabra de Dios los ha convencido del pecado y les asegura el perdón. Sus conciencias, como la de Lutero, son cautivas de la palabra de Dios, y aspiran, como el salmista, que toda su vida se alinee con ella. "¡Cuánto deseo afirmar mis caminos para cumplir tus decretos!", "no dejes que me desvíe de tus mandamientos". "¡Enséñame tus decretos! Hazme entender el camino de tus preceptos". "Sea mi corazón íntegro hacia tus decretos" (Sal. 119:5, 10, 26s., 36, 80). Las promesas están delante de ellos mientras oran, y los preceptos están delante de ellos mientras realizan sus tareas diarias.[1]

A lo largo de las Escrituras, vemos numerosos ejemplos en los que conocer a Dios viene al conocer las Escrituras. Este conocimiento es el conocimiento del amor pactual de Dios, de los mandamientos de Dios y del plan de Dios para su pueblo. El Señor ordenó a Josué que dijera a los israelitas: "Recita siempre el libro de la ley y medita en él de día y de noche; cumple con cuidado todo lo que en él está escrito. Así prosperarás y tendrás éxito" (Josué 1:8). La base de esta orden es sencilla: mantener la fe en Dios significaba guardar los mandamientos, los cuales requerían conocer las Escrituras, y conocer la Escritura significaba enseñarla al pueblo. Obviamente, si tenemos sed por el conocimiento de Dios, entonces debemos tener sed por su palabra, sed por el conocimiento que proviene de la Escritura. Siguiendo esta línea, el salmista nos insta a grabar la palabra de Dios en el tejido

---

1. J. I. Packer, *Knowing God* (London: Hodder & Stoughton, 2013), 130.

mismo de nuestras vidas: "¿Cómo puede el joven llevar una vida íntegra? Viviendo conforme a tu palabra. Yo te busco con todo el corazón; no dejes que me desvíe de tus mandamientos. En mi corazón atesoro tus dichos para no pecar contra ti" (Salmo 119:9-11). Cuando Israel cayó en desobediencia, fue el redescubrimiento de la Ley bajo Josías, y luego nuevamente bajo Esdras, lo que trajo arrepentimiento, reforma y renovación al pueblo judío (ver 2 Reyes 23; Esdras 7; Nehemías 8). La palabra de Dios en la Ley continuamente recordó a los israelitas el amor pactual de Dios hacia ellos, los propósitos de Dios para con ellos y los mandamientos de Dios para ellos. El redescubrimiento de la Ley sacó a la nación del pantano de juicio y exilio, y los condujo de regreso al favor y a las bendiciones de Dios.

En la apertura de Pablo a su carta a los Efesios, el apóstol realiza una oración específica para ellos: "Pido que el Dios de nuestro Señor Jesucristo, el Padre glorioso, les dé el Espíritu de sabiduría y de revelación, para que lo conozcan mejor" (Efesios 1:17).[2] Ese es el propósito de leer la Escritura, de estudiarla, de meditar en ella y predicar desde ella: conocer mejor a Dios. Lo que mejor sabemos es, entre otras cosas, que "Dios es el Dios verdadero, el Dios fiel, que cumple su pacto" (Deuteronomio 7:9); "Él nos hizo, y somos suyos. Somos su pueblo, ovejas de su prado" (Salmo 100:3) y; "Dios es amor. El que permanece en amor, permanece en Dios, y Dios en él" (1 Juan 4:16). A través de nuestra lectura de la Escritura, y el conocimiento de Dios que ella nos brinda, comenzamos a comprender, cada vez más profundamente, el amor y la belleza del Dios que nos conoce y nos ama.

Por tanto, el objetivo de nuestra instrucción en las Escrituras es conocer mejor a Dios a fin de que podamos crecer en nuestro amor por él. Como comenta la teóloga Ellen T. Charry: "Al conocer a Dios, llegamos a amarlo, y al amarlo llegamos a conocerlo".[3] Este énfasis en el conocimiento no significa intentar reemplazar la fe con hechos; más bien, significa algo como buscar un conocimiento más profundo de Dios a través de una fe fundamentada en el aprendizaje —no un conocimiento meramente racional, sino construido en una relación más íntima con Dios. Este es un conocimiento que abunda en amor, acción de gracias y alabanza.

---

2. Ver D. A. Carson, *Praying with Paul: A Call to Spiritual Reformation*, 2nd ed. (Grand Rapids: Baker, 2004), 150–55.

3. Ellen T. Charry, *By the Renewing of Your Minds: The Pastoral Function of Christian Doctrine* (New York: Oxford University Press, 1999), 4.

Conocer a Dios a través de la Escritura es importante porque, como comprendió el Reformador francés Juan Calvino, sin conocimiento de Dios, no hay conocimiento de uno mismo.[4] Es conociendo a Dios, o más importante aún, siendo conocidos *por* Dios, que podemos saber quiénes somos —en relación con Dios, en relación con la iglesia y en relación con el mundo (ver 1 Corintios 8:3; 13:12; Gálatas 4:9).[5] **Así que el primer propósito de la Escritura es el conocimiento de Dios.** Teniendo en cuenta ciertos hechos, es más apropiado hablar de un conocimiento relacional, un conocimiento para salvarnos, para hacernos sabios, y formarnos según la imagen de Jesús y la palabra eterna de Dios.

FE

Una cosa que hacen las Escrituras —sin sorpresas aquí—, es **conducir a la gente a un punto de fe**. Según San Juan el Evangelista, el propósito de su Evangelio es evangélico: "Pero estas se han escrito para que ustedes crean que Jesús es el Cristo, el Hijo de Dios, y para que al creer en su nombre tengan vida" (Juan 20:31). La noción de que los evangelistas como Juan escribieron libros que son "evangélicos", en cuanto exponen la historia del evangelio de Jesús y llaman a una respuesta de fe en él, es una suerte de obviedad. De hecho, cuando me encontré por primera vez con el cristianismo y la Biblia, un versículo del Evangelio de Juan que encontré particularmente sorprendente y confrontativo —y que provocó los primeros susurros de fe— fue el de las palabras de Jesús en su discurso dirigido a los líderes judíos: "Ciertamente les aseguro que el que oye mi palabra y cree al que me envió tiene vida eterna y no será juzgado, sino que ha pasado de la muerte a la vida" (Juan 5:24). Aquí vi la promesa de la vida eterna, los beneficios de la fe, y experimenté ese tipo de atracción magnética por Jesús que proporcionan los Evangelios al transmitir tan maravillosamente la historia y las palabras de Jesús. Mi historia no es única. He oído innumerables testimonios de personas que llegaron a la fe, aparentemente de la nada, solo por tomar una Biblia. Ya sea una Biblia de los Gedeones en una habitación de un hotel, la Biblia de un amigo en un dormitorio universitario o la cita de algunos versos en el correo electrónico de un amigo. Esto es

---

4. Calvino, *La Institución de la Religión Cristiana*, I.1.1.

5. Ver la importante obra de Brian S. Rosner, *Known by God: A Biblical Theology of Personal Identity* (Grand Rapids: Zondervan, 2017).

precisamente lo que hace la palabra de Dios —crea fe desde la oscuridad de la incredulidad y la desesperación, y planta semillas que luego crecen en confianza en Dios, en el amor por Cristo y en escuchar al Espíritu. O como dijo el apóstol Pablo: "La fe viene como resultado de oír el mensaje, y el mensaje que se oye es la palabra de Cristo" (Romanos 10:17). ¡La Escritura es, sin dudas, el evangelista más exitoso que existe, existió o existirá!

La otra cosa que hace la Escritura es **llevarnos hacia una fe más profunda**. La Escritura nos brinda instrucción sobre cómo vivir una vida que glorifique a Dios, que evite el pecado, se prepare para el reino e imite a Cristo. Pero, como he dicho antes, la Escritura no es un simple manual de uso, o un libro de consejos prácticos para la vida religiosa. La Escritura nos lleva hacia un conocimiento más profundo del carácter de Dios y hacia una intimidad más cercana con la persona de Dios. A través de la Escritura podemos orar con más seguridad a "Abba", nuestro Padre, a Cristo, nuestro Hermano, y al Espíritu Santo, nuestro Consolador. La Escritura hace que Dios sea más real para nosotros. La Escritura nos asegura constantemente que Dios está a nuestro favor. La Escritura reitera la esperanza que es nuestra en Cristo Jesús. El mejor ejemplo de alguien disfrutando de la Escritura del que puedo pensar se encuentra al final del Salmo 119. Este salmo es el capítulo más largo de la Biblia, y celebra el consuelo que solo puede brindar la palabra de Dios. Así es como termina el salmo:

> Yo me regocijo en tu promesa
>   como quien halla un gran botín.
> Aborrezco y repudio la falsedad,
>   vpero amo tu ley.
> Siete veces al día te alabo
>   por tus rectos juicios.
> Los que aman tu ley disfrutan de gran bienestar,
>   y nada los hace tropezar.
> Yo, Señor, espero tu salvación
>   y practico tus mandamientos.
> Con todo mi ser cumplo tus estatutos.
>   ¡Cuánto los amo!
> Obedezco tus preceptos y tus estatutos,
>   porque conoces todos mis caminos.
>
> Que llegue mi clamor a tu presencia;
>   dame entendimiento, Señor, conforme a tu palabra.

Que llegue a tu presencia mi súplica;
  líbrame, conforme a tu promesa.
Que rebosen mis labios de alabanza,
  porque tú me enseñas tus decretos.
Que entone mi lengua un cántico a tu palabra,
  pues todos tus mandamientos son justos.
Que acuda tu mano en mi ayuda,
  porque he escogido tus preceptos.
Yo, Señor, ansío tu salvación.
  Tu ley es mi regocijo.
Déjame vivir para alabarte;
  que vengan tus juicios a ayudarme.
Cual oveja perdida me he extraviado;
  ven en busca de tu siervo,
  porque no he olvidado tus mandamientos.
    (Salmos 119:162-176).

A pesar de que el salmista aquí está hablando de la Ley (es decir, los primeros cinco libros del Antiguo Testamento), el sentido del deleite se aplica a todo el canon bíblico. La Escritura nos enseña los caminos de Dios. Provoca nuestra alabanza, nos hace regocijar y nos da seguridad de la liberación de Dios. La Escritura nos acerca a Dios, y cuanto más nos acercamos a él, más nos deleitamos en su santa palabra. Realmente no me gustan las descripciones cursis de la Escritura como, por ejemplo, llamarla una "carta de amor de Dios", pues la Escritura es una forma de la presencia de Dios con nosotros. Es la palabra viva de Dios, una palabra viva con su voz, infundida con su amor e iluminada por sus promesas, que nos habla a lo largo de toda nuestra vida. Es una palabra que llama, consuela y aconseja como un Padre hablando con sus hijos, o como una madre cuidando a sus pequeños. Es en esta santa palabra que sabemos quién es Dios y quiénes somos en relación con él.

Creo que es importante enfatizar que el conocimiento sobre Dios no es suficiente; lo que importa es el conocimiento de Dios junto con la fe en él. Volviendo al Evangelio de Juan, necesitamos considerar seriamente la represión de Jesús a los sacerdotes de Jerusalén: "Ustedes estudian con diligencia las Escrituras porque piensan que en ellas hallan la vida eterna. ¡Y son ellas las que dan testimonio en mi favor! Sin embargo, ustedes no quieren venir a mí para tener esa vida" (Juan 5:39-40). Cualquiera puede aprender sobre el Dios de la Biblia o sobre la teología del cristianismo estudiando la religión occidental, las civilizaciones del antiguo Oriente Próximo o leyendo estudios comparativos de deidades Mediterráneas. Pero, como señala Jesús, ¡ese no es el propósito de la Escritura! Su propósito no es ayudar a las personas a aprobar un curso básico de religión. En cambio, el propósito de la Escritura es conducir a la gente a creer en Jesús, a acercarse a él, a sujetarse de él, para luego descansar en Aquel cuyo yugo es fácil y cuya carga es liviana (Mateo 11:30). Veremos más sobre Jesús y la Escritura en el próximo capítulo. Por ahora, deberías notar que **la Escritura nos conduce a la fe, a una fe sabia, una fe holística y una fe cada vez más profunda.**

¿Qué significa para ti tener fe? Tener fe significa que creo que el Evangelio es la verdad: que Jesús murió por mis pecados, resucitó de entre los muertos y gobierna mi vida. Por lo tanto, me encomiendo a él como mi Salvador, y le obedezco como mi Señor.

—J. I. Packer y Joel Scandrett,
To Be a Christian: An Anglican Catechism *(Wheaton, IL: Crossway, 2020), 25.*

AMOR POR DIOS Y POR LOS DEMÁS

Otro propósito de la Escritura es el amor, que incluye **el crecer en amor a Dios y el amor a los demás.** Aunque muchos cristianos imaginan la fe de Israel como seca, ritualista y legalista, esto está lejos de ser cierto. El amor se encontraba entre las facetas centrales de la fe del Israel antiguo. El credo más básico de Israel es la *shema*, la cual es ciertamente un llamado a amar a Dios con todos los recursos que uno tiene: "Ama al Señor tu Dios con todo tu corazón y con toda tu alma y con todas tus fuerzas" (Deuteronomio 6:5). También en Deuteronomio, Moisés instruyó a Israel: "Hoy te ordeno que ames al Señor tu Dios", lo que prácticamente significa "que andes en sus caminos, y que cumplas sus mandamientos, preceptos y leyes", y si lo haces "vivirás y te multiplicarás, y el Señor tu Dios te bendecirá en la tierra de la que vas a tomar posesión" (Deuteronomio 30:16). El amor entre los israelitas fue diseñado para detener una cultura de venganza y de retribución constante, de ahí las palabras "Ama a tu prójimo como a ti mismo" (Levítico 19:18). Es más, este mandamiento de amor también se extiende a los extranjeros y a los refugiados: "El extranjero que resida con vosotros os será como uno nacido entre vosotros, y lo amarás como a ti mismo, porque extranjeros fuisteis vosotros en la tierra de Egipto" (Levítico 19:34, LBLA). Entre los propósitos de la Ley estaba el llamar a la gente a amar a Dios, el mostrarles cómo amar a Dios y el cargarlos con amarse unos a otros. Así como Dios tiene un amor pactual hacia los israelitas, así también los israelitas deben ejercitar el amor pactual entre ellos.

EL MANDAMIENTO DEL AMOR EN EL NUEVO TESTAMENTO

"Ama al Señor tu Dios con todo tu corazón, con todo tu ser y con toda tu mente" —le respondió Jesús—. Este es el primero y el más importante de los mandamientos. El segundo se parece a este: "Ama a tu prójimo como a ti mismo". De estos dos mandamientos dependen toda la ley y los profetas (Mateo 22:37-40).

Y este es mi mandamiento: que se amen los unos a los otros, como yo los he amado. Nadie tiene amor más grande que el dar la vida por sus amigos (Juan 15:12-13).

No tengan deudas pendientes con nadie, a no ser la de amarse unos a otros. De hecho, quien ama al prójimo ha cumplido la ley. Porque los mandamientos que dicen: "No cometas adulterio", "No mates", "No robes", "No codicies", y todos los demás mandamientos, se resumen en este precepto: "Ama a tu prójimo como a ti mismo" (Romanos 13:8-9).

Sobre todo, ámense los unos a los otros profundamente, porque el amor cubre multitud de pecados (1 Pedro 4:8).

Hacen muy bien si de veras cumplen la ley suprema de la Escritura: "Ama a tu prójimo como a ti mismo" (Santiago 2:8).

Queridos hermanos, ya que Dios nos ha amado así, también nosotros debemos amarnos los unos a los otros. Nadie ha visto jamás a Dios pero, si nos amamos los unos a los otros, Dios permanece entre nosotros, y entre nosotros su amor se ha manifestado plenamente (1 Juan 4:11-12).

Una de las características distintivas del ministerio de Jesús fue el papel que él le asignó al amor. La función de la Escritura, cuando la combinamos con el mensaje de Jesús sobre el reino, era guiar a la gente hacia un amor doble: amor a Dios y amor por los demás. Cuando un escriba preguntó a Jesús: "¿Cuál es el gran mandamiento de la ley?", Jesús respondió con una fusión entre Deuteronomio 6:5 y Levítico 19:18: "'Amarás al Señor tu Dios con todo tu corazón, y con toda tu alma, y con toda tu mente'. Este es el grande y el primer mandamiento. Y el segundo es semejante a este: amarás a tu prójimo como a ti mismo. De estos dos mandamientos dependen toda la ley y los profetas" (Mateo 22:36-40). Para Jesús, este era el verdadero significado de la Escritura, y no una lista de reglas y regulaciones para fabricar una micropiedad que cubriese todas las áreas de la vida. La Escritura fue hecha para ser experimentada como una fuente que brota con el amor de Dios por nosotros, con nuestro amor por Dios, con el amor por nuestros hermanos y hermanas en Cristo, y con el amor por todas las personas. Esto hizo que Jesús se destacara porque, como advierte Scot McKnight —un erudito del Nuevo Testamento—, mientras los fariseos enseñaban un amor por la Torá, Jesús enseñaba una Torá de amor.[6]

Estoy seguro de que la mayoría de ustedes conocen la oda al amor de Pablo en 1 Corintios 13, un famoso texto que contiene algunos de los versos más memorables de la Escritura:

> El amor es paciente, es bondadoso; el amor no tiene envidia; el amor no es jactancioso, no es arrogante; no se porta indecorosamente; no busca lo suyo, no se irrita, no toma en cuenta el mal recibido; no se regocija de la injusticia, sino que se alegra con la verdad; todo lo sufre, todo lo cree, todo lo espera, todo lo soporta. El amor nunca deja de ser; pero si hay dones de profecía, se acabarán; si hay lenguas, cesarán; si hay conocimiento, se acabará (1 Corintios 13:4-8).

Ahora, la mayoría de la gente parece tratar este pasaje como si Pablo estuviese escribiendo a los Corintios y luego, de pronto, lanzara un sermón aleatorio acerca de la virtud del amor, a fin de que un día los cristianos tuvieran un texto sentimental y melodramático para leer en las bodas. Algo que fuera lo suficientemente espiritual para sonar cristiano, pero no tan sermoneador como para que los inconversos se sintiera incómodos. Sin embargo, deberíamos leer este supuesto texto para bodas en el contexto de 1 Corintios 12–14.

Cuando leemos 1 Corintios 13:4-8 en su contexto, Pablo está tratando de juzgar en una pelea donde la gente discute acerca de la forma correcta en

---

6. Scot McKnight, *The Jesus Creed* (Brewster, MA: Paraclete, 2004), 53–54.

que se debe adorar —¿la adoración de quién es la más santa? ¿Los dones de quién son los mejores? ¿Cuál es la jerarquía de los dones? etcétera. En medio de toda esa discusión —"Tu don espiritual es inferior al mío", "Yo soy más espiritual que tú"—, Pablo argumenta que toda esta "guerra por la adoración" simplemente deja de lado lo principal. Pablo les recuerda a los Corintios que la adoración debe ser guiada por el Espíritu y no por egos; debe ser impulsada por el Espíritu y no por concursos de popularidad; y debe ser animada por el Espíritu y no por la búsqueda de un estatus que use lo espiritual como moneda de cambio. Es más, lo que Pablo ciertamente enfatiza es que si alguien quiere hablar de superespiritualidad, entonces el verdadero indicador de la espiritualidad es el camino del amor, así como el mayor don de la iglesia es el don del amor en acción. Esto se debe a que el amor es la más verdadera forma de adoración, el amor es la forma más elevada de conocimiento y el amor es el modo supremo de espiritualidad. Ya sea la profecía o la predicación, las lenguas o la enseñanza, es necesario que todas ellas abracen la forma más excelente de amor, pues el amor es la meta y la medida de todas las cosas espirituales. La adoración auténtica y la verdadera espiritualidad son "amor en realidad" (¡que los amantes de las comedias románticas británicas entiendan!).

La Escritura está repleta de enseñanzas y temas sobre el amor: el amor por Dios, el amor por la iglesia y el amor por nuestro prójimo. Al leer la Escritura, descubrimos la prominencia del amor en la instrucción de Dios para nosotros, y desarrollamos un deseo dotado por el Espíritu de amar a Dios y de amar a los demás. Es a través de la Escritura que deberíamos sentirnos impulsados por nuestra nueva naturaleza, nuestra naturaleza espiritual, a prestar atención al doble mandamiento de Jesús respecto al amor: amar a Dios y amar a los demás. La Escritura nos anima a andar por el camino del amor, pues Dios, en Cristo, nos amó primero.

Personalmente, soy alérgico a tratar de reducir el cristianismo a una suerte de festival de sentimientos, donde todos nos tomamos de las manos, compartimos nuestros sentimientos, y hablamos sobre abrazar un arcoíris. Sin embargo, la interpretación bíblica es inútil, infructuosa e incluso ofensiva a Dios cuando se la divorcia de la virtud del amor. Pues, donde haya sustantivos griegos y verbos hebreos, estos serán analizados y dejarán de ser. Donde haya diccionarios de teología, estos pronto quedarán obsoletos. Donde haya lenguas teológicas que aleteen sobre las minucias de la doctrina, estas pronto estarán quietas. Donde haya discusiones sobre temas doctrinales, estas serán acalladas por la sinfonía de la gloria de Dios. En mi experiencia, las personas son menos propensas a recordar tu exégesis, tu sermón o tu estudio Bíblico de lo que son de recordar tu amor por ellos, o tu falta de amor por ellos. Tu demostración de amor es el mayor sermón que jamás predicarás, y el sermón más duradero que cualquiera pueda recordar. O como dijo John Wesley, la vida cristiana es "El camino real del amor universal".[7]

Si la Biblia fuera un seminario, el amor sería el rector, y el plan de estudios tendría dos resultados académicos principales: el amor a Dios y el amor al prójimo. La Escritura habla mucho del amor debido a que el amor es la prueba del verdadero discipulado (Juan 13:34-35) y el amor es la verdadera forma de adoración (1 Corintios 13:4-8). El amor es importante para la interpretación bíblica porque, como decía Agustín, quien "piensa que comprende las Sagradas Escrituras, o alguna parte de ellas, pero pone sobre ellas una interpretación tal que no tiende a fortalecer este doble amor a Dios y al prójimo, aún no las comprende como debería".[8]

DE LA PACIENCIA A LA ESPERANZA

Cuando escribí mi comentario sobre Romanos hace unos años, una de las cosas más sorprendentes que aprendí, y sobre la que reflexioné, fue el relato de Pablo acerca del propósito de la Escritura. ¿Cuál crees tú que es este propósito? ¿Reglas, religión, redención, una relación con Dios? No, ¡ni siquiera cerca! Mientras Pablo instaba al "débil" y al "fuerte" de las asambleas romanas a que dieran "la bienvenida unos a otros", agregó este conciso, aunque muy profundo comentario sobre el propósito de la Escritura: "Porque todo lo que fue escrito en tiempos pasados, para nuestra enseñanza se escribió, a fin de que por medio de la paciencia y del consuelo de las Escrituras tengamos esperanza" (Romanos 15:4). El propósito de la Escritura, según Pablo, ¡es para impartirnos paciencia y esperanza!

La paciencia, según las Escrituras, es "la capacidad de resistir o soportar ante la dificultad", incluyendo las virtudes de "paciencia, perseverancia, fortaleza, firmeza, perseverancia".[9] La Escritura es nuestro entrenador, nuestro alimento, nuestra inspiración y nuestra guía en la lucha espiritual mientras nos acercamos cada vez más al reino de Dios, la nueva creación o,

---

7. John Wesley, Sermón 39.

8. Agustín, *Sobre la doctrina cristiana* 1.36.

9. Walter Bauer, Frederick Danker, et al., *A Greek-English Lexicon of the New Testament and Other Early Christian Literature*, 3ª ed. (Chicago: University of Chicago Press, 2000), 1039.

si así lo desean, al reino de Aslan. La vida está plagada de desafíos, angustias, dolores, fracasos, desilusiones, traiciones y dolor. Es allí, en medio de la adversidad, la duda, la desesperación, el miedo y la tragedia donde buscamos que Dios nos fortalezca. Continuamos persistiendo en la contienda, perseverando en la carrera, y seguimos adelante hacia el llamado ascendente que es nuestro en Cristo Jesús. ¿Por qué? ¡Porque la Escritura nos recuerda que Dios está a nuestro favor, que Cristo murió y resucitó por nosotros y que el Espíritu Santo está con nosotros! Esta es la razón por la cual podemos identificarnos con Juan el Vidente, en su exilio en la isla de Patmos, y verlo como nuestro "hermano y compañero en la tribulación, en el reino y en la perseverancia en Jesús" (Apocalipsis 1:9, LBLA).

Asimismo, el Espíritu usa la Escritura para mediar la propia presencia de Dios hacia nosotros a fin de que la palabra de Dios nos provea con la resiliencia que necesitamos para seguir adelante. La inspirada Sagrada Escritura nos inspira a levantarnos, a ponernos de pie, y a no rendirnos hasta que hayamos alcanzado la corona en la que nos gloriaremos en la mismísima presencia del Señor Jesús. Encuentro inspiración en las palabras del Salmo 77, que habla de recordar los hechos de Dios en el pasado, para darme esperanza y paciencia en el presente. Me deleito en las palabras de Jesús en el Evangelio acerca de venir a él para encontrar descanso para mi alma (Mateo 11:28) y permanecer junto a él, que es el único que tiene palabras de vida eterna (Juan 6:68). Encuentro consuelo meditando en Romanos 8:31-39 acerca del amor invencible e incansable de Dios por nosotros en Cristo. Miro hacia adelante a un mundo sin más lágrimas ni terror como promete Apocalipsis 21–22. Y sobre todo, miro a Jesús, quien "por el gozo que le esperaba, soportó la cruz, menospreciando la vergüenza que ella significaba, y ahora está sentado a la derecha del trono de Dios" (Hebreos 12:2). ¡Puedo soportar todas las cosas porque mi Señor consideró su sufrimiento y humillación para que mi redención sea su gozo!

Tenemos la capacidad de resistir porque tenemos esperanza, o como dice Pablo, tenemos "constancia sostenida por su esperanza en nuestro Señor Jesucristo" (1 Tesalonicenses 1:3). La Escritura nos narra la esencia y la garantía de nuestra esperanza. Debido al testimonio de la Escritura, hemos huido hacia Dios para asirnos de la esperanza puesta delante nuestro en el evangelio, y somos alentados por ella. Debido a la esperanza expuesta en la Escritura, podemos confiar en nuestra fe y arriesgarnos por Dios, pues conocemos la esperanza que se nos ofrece. Debido a las promesas de la Escritura, tenemos la esperanza de estar sentados con Cristo como un ancla del alma, firme y segura, arraigada en la fidelidad de Jesucristo, que reina e intercede por nosotros a la diestra del Padre. La Escritura nos describe una esperanza en la cual nada puede separarnos del amor de Dios; una esperanza de que Dios continuará librándonos en Cristo y consolando nuestros corazones a través del Espíritu. La razón por la que trabajamos y nos esforzamos en todas las cosas, tanto espirituales como mundanas, es que hemos puesto nuestra esperanza en el Dios vivo. Esta esperanza no es en absoluto del tipo caricaturesca o efímera. La esencia de esta esperanza, según la Escritura, es que vivamos con Cristo, que participemos de la nueva creación y que formemos parte del plan de Dios para poner todas las cosas en orden.

Por supuesto, para algunas personas la vida es inherentemente desesperanzadora, y cualquier noción de esperanza es la peor de todas las enfermedades mentales posibles. El filósofo alemán Friedrich Nietzsche una vez se burló: "En realidad, la esperanza es el peor de todos los males, porque prolonga los tormentos del hombre".[10] Lamentablemente, sin esperanza realmente nos desesperamos. El teólogo Jürgen Moltmann dijo: "Vivir sin esperanza es ya no vivir. El infierno es desesperanza, y no es en vano que a la entrada del infierno de Dante están puestas estas palabras: 'Abandonad la esperanza, todos los que entráis aquí'".[11]

Es triste, pero cierto, que sin esperanza solo hay desesperación y un intento inútil de sobrevivir. Sin esperanza, experimentamos la parálisis de la desdicha y sucumbimos ante la tiranía de la cruel inevitabilidad. Sin esperanza, lo mejor que el mundo secular puede hacer es perseguir el placer y el poder, tratar de minimizar el dolor, o escribir poesía psicodélica. Sin embargo, debido a las palabras de Jesús y las instrucciones de los apóstoles dadas a nosotros en la Escritura, no somos esa gente. Sí, todos atravesamos nuestro propio "pantano del abatimiento" y la "noche oscura del alma"; pero la luz al final de esto es la gloria radiante del cielo, la fidelidad de Dios, que nunca falla y nunca se rinde, y la garantía de que seremos recibidos en el reino de Cristo. Vemos la historia del evangelio y el veredicto de la Escritura en la conmovedora descripción de N. T. Wright: "La Pascua fue cuando la Esperanza en persona sorprendió al mundo entero al acudir desde el futuro al presente".[12] Incluso podríamos decir que la esperanza se hizo carne, habitó entre nosotros, y ahora la palabra de esperanza avanza hacia el mundo entero. Por tanto, no es de extrañar que uno de los

---

10. Friedrich Nietzsche, *Humano, Demasiado Humano* (1878), #71.

11. Jürgen Moltmann, *Theology of Hope* (New York: Harper & Row, 1967), 32.

12. N. T. Wright, *Surprised by Hope: Rethinking Heaven, the Resurrection, and the Mission of the Church* (San Francisco: HarperOne, 2009), 40–41.

estribillos que más se repite en el Salmo 119 sea: "He puesto mi esperanza en tu palabra", pues la palabra de Dios es una palabra de promesa, y esa promesa *fue* hecha buena, *se* hace buena, y *será* hecha buena en Cristo Jesús. El cristianismo se trata de la audacia de la esperanza (reconocimiento para el presidente Obama) porque, como comenta J. I. Packer: "Así como Dios el Padre es un Dios de esperanza, así también su Hijo encarnado, Jesús de Nazaret, crucificado, resucitado, reinando y por volver, es un mensajero, un medio y un mediador de esperanza", pues "la Biblia es", agrega, "de Génesis a Apocalipsis, un libro de esperanza".[13]

La esperanza que concebida en la Escritura no es una fe ciega o un optimismo disparatado. Más adecuadamente, la esperanza cristiana, como es expuesta en la Escritura, es la audacia de la fe bajo la adversidad. La esperanza es la aclamación del triunfo por lo que otros consideran una causa perdida. La esperanza niega que nuestras vidas no importan. La esperanza es moneda corriente en la tierra de la melancolía. La esperanza es el baile cuando la música ya ha cesado hace tiempo. La esperanza es pan para el alma hambrienta. La esperanza es la voz que nos susurra que "todas las cosas son posibles". La esperanza es la gracia de afrontar nuestros miedos sabiendo que hay alguien más grande que la suma de todos los miedos. La esperanza ofrece una luz en lugar de maldecir la oscuridad. La esperanza es el médico de un alma aterrada. La esperanza es el héroe de los débiles. La esperanza es rebeldía frente al tirano. El evangelio es la historia de la invasión de la esperanza en un mundo que solo conoce la desolación y la oscuridad. El evangelio nos habla de hombres y mujeres condenadas a un fin sin esperanza, que descubren en Cristo Jesús una esperanza sin fin. La esperanza es esa confianza desvergonzada en que el testimonio de Jesús que da la Escritura es plenamente confiable. Como expresó el erudito Ernst Käsemann: "La verdadera teología... debe continuar siendo una teología peregrina bajo el mensaje del evangelio como una promesa para el mundo entero —una teología de la esperanza".[14]

VIVIR A LA LUZ DE LA ESCRITURA

Pablo, famosamente dijo a Timoteo que "Toda la Escritura es inspirada por Dios y útil para enseñar, para reprender, para corregir y para instruir

---

13. J. I. Packer y Carolyn Nystrom, *Never beyond Hope: How God Touches and Uses Imperfect People* (Downers Grove, IL: InterVarsity Press, 2000), 13.

14. Ernst Käsemann, *Commentary on Romans* (Grand Rapids: Eerdmans, 1980), 242.

en la justicia, a fin de que el siervo de Dios esté enteramente capacitado para toda buena obra" (2 Timoteo 3:16-17). Este es un gran punto de partida, que vale la pena memorizar, pues la Escritura nos mantiene en el buen camino. Sin embargo, si tratamos la Escritura solo como un libro de reglas, o como un manual de entrenamiento, sin comprender su historia salvadora y sin saborear sus promesas reconfortantes, inevitablemente le daremos un uso indebido. La Escritura no es un periódico para golpearte en la cabeza por ser malo; más precisamente, la Escritura es una luz en la oscuridad para guiar tu camino, y para iluminar tu vida con Cristo. El propósito de la Escritura es darnos conocimiento de Dios, nutrir nuestra fe, conducirnos a amar a Dios y amar a los demás, y proporcionarnos la paciencia que proviene de la esperanza cristiana.

LECTURA RECOMENDADA

Johnson, Luke Timothy. *Living the Gospel*. London: Continuum, 2005.

McKnight, Scot. *The Jesus Creed: Loving God, Loving Others*. Brewster, MA: Paraclete, 2019.

Packer, J. I. *Knowing God*. London: Hodder & Stoughton, 2013.

7

JESUCRISTO ES EL CENTRO DE LA BIBLIA CRISTIANA

Existen varios libros que cada vez que los veo en las tiendas, en catálogos o en la biblioteca personal de algún conocido, instintivamente pongo mis ojos en blanco. Son libros heréticos, tan cursis que dan náuseas, o tan egoístas que vienen junto con un *voucher* para un tratamiento de botox y un bastón *selfie*. Pero si hay un libro que me hace balbucear pensamientos *non sanctos*, es el libro para niños de Sally Lloyd-Jones *Historias bíblicas de Jesús para niños* y su subtítulo *Cada historia susurra su nombre*. Ahora bien, no hay absolutamente nada malo en este libro; el concepto es brillante, el contenido está bien, las ilustraciones son grandiosas, y el efecto en los lectores es sobremanera positivo. De hecho, leo este libro a mis hijos más pequeños al menos una vez al año. Entonces, ¿cuál es la razón de mi frustración? Bueno, simplemente es esta: ¡no lo escribí yo! Desearía haberlo escrito yo. Dado su éxito en ventas, podría estar disfrutando un hermoso retiro anticipado junto con mi esposa en nuestra cabaña de amor en las costas soleadas de Queensland. Pero la primera razón por la cual experimento esta envidia hacia la autora es porque este libro se ha convertido en el medio principal, a través del cual, los padres evangélicos jóvenes están aprendiendo teología bíblica básica y a cómo leer la Biblia con Jesús como su centro. ¡Lo digo en serio! Si no fuera por el libro *Historias bíblicas de Jesús para niños,* habría toda una generación de hombres y mujeres evangélicas que no tendrían idea siquiera de qué trata el Antiguo Testamento, no sabrían de qué manera el Antiguo Testamento se dirige hacia un clímax determinado, y cómo Jesús realmente es el fin de la historia bíblica. No es de extrañar que cada semestre me encuentre con estudiantes de seminario que confiesan, que gracias a que leyeron a sus hijos *Historias bíblicas de Jesús para niños,* aprendieron que Abraham vino antes que Moisés, o que el

Antiguo Testamento no es simplemente un conjunto aleatorio de historias de Escuela bíblica, sino que forma parte de una historia única y unificada, y que Jesús es el clímax del plan de salvación de Dios. Y no olvidemos que el tema de este libro es verdadero: toda historia bíblica suspira el nombre de Jesús. Por supuesto, si bien cada historia suspira "Jesús" (aunque no necesariamente con el mismo volumen o en el mismo tono), la totalidad de la Escritura encuentra coherencia y unidad en Jesucristo. Así que Sally Lloyd-Jones se merece una felicitación de mi parte en mi cuenta de Twitter. Ella ha hecho mucho más sencillo mi trabajo de profesor de seminario al enseñarle a los padres los conceptos básicos de la historia bíblica y su conexión con Jesús mediante la lectura de un libro a sus hijos.

¿QUÉ ES LA TEOLOGÍA BÍBLICA?

Teología bíblica puede significar: (a) buscar todos los temas teológicos que se encuentran en un único libro; (b) mapear la forma en que un único tema (como *pacto* o *reino*) aparece a lo largo de ambos testamentos o; (c) rastrear el progreso de la historia, es decir, de la historia de la redención, a través de los testamentos, desde Génesis hasta Apocalipsis.

Lloyd-Jones aprovechó una importante convicción que tienen los cristianos acerca de la Escritura. La iglesia cristiana ha afirmado habitualmente que Jesús es ciertamente el centro interpretativo de la Escritura. Esto es obviamente cierto en el Nuevo Testamento, pero incluso el Antiguo Testamento debería ser comprendido de un modo cristocéntrico. Toda la Escritura apunta hacia adelante a Jesús como su cumplimiento (Antiguo Testamento) o mira hacia atrás a Jesús como el autor y consumador de nuestra fe (Nuevo Testamento). Existe gran cantidad de material bíblico que deja esto muy en claro. Lo que quiero hacer en este capítulo, es explicar el cómo. Precisamente, ¿cómo es que es Jesús es el centro de la Escritura y cómo la totalidad de la Escritura encuentra su unidad en él?

"COMENZANDO POR MOISÉS"

Según Lucas, fue el Jesús resucitado —hablando con dos viajeros obtusos en el camino a Emaús— quien explicó cómo la historia escritural tuvo su clímax en la pasión del Mesías y en su resurrección: "¡Qué torpes son ustedes —les dijo—, y qué tardos de corazón para creer todo lo que han dicho los profetas! ¿Acaso no tenía que sufrir el Cristo estas cosas antes de entrar en su gloria?". Y Lucas, agrega famosamente: "Entonces, comenzando por Moisés y por todos los profetas, les explicó lo que se refería a él en todas las Escrituras" (Lucas 24:25-27). En otras palabras, ¡Jesús mismo fue la primera persona en emplear la exposición cristocéntrica de la Escritura!

Es por eso que insto a mis estudiantes del seminario a que memoricen una cita del sermón de Pablo en la sinagoga de Antioquía de Pisidia, acerca de cómo todas las promesas de Dios encuentran cumplimiento en Jesús: "Nosotros les anunciamos a ustedes las buenas nuevas respecto a la promesa hecha a nuestros antepasados. Dios nos la ha cumplido plenamente a nosotros, los descendientes de ellos, al resucitar a Jesús" (Hechos 13:32-33). Y Pablo mismo escribe a los Corintios: "Todas las promesas que ha hecho Dios son 'sí' en Cristo" (2 Corintios 1:20). **Una creencia central, en la comprensión cristiana de la Escritura, debería ser que Jesús cumple lo que fue prometido a Israel en el Antiguo Testamento acerca del Mesías y que Jesús continúa siendo el tema principal del Nuevo Testamento.**

Espero que ya estén convencidos acerca de este punto: Jesús —su vida, muerte y resurrección, su condición de Mesías y Señor, su identidad como el Hijo de Dios— es la clave hermenéutica para descifrar la Escritura.

CRISTOTÉLICO. CRISTO ES EL OBJETIVO DE LA ESCRITURA

¿Cuánto de Jesús hay en tu Antiguo Testamento? Según Ellen F. Davis, "Probablemente el tema de mayor alcance que separa la interpretación bíblica tradicional de la moderna (o posmoderna) es, si acaso —y si es así, de qué forma— leemos el Antiguo Testamento como testigo de Jesucristo".[1]

Una creencia cristiana es que el Antiguo Testamento no es simplemente la "Biblia hebrea" o las "Escrituras judías"; el mismo es la primera parte de la Biblia cristiana completada por el Nuevo Testamento. Hay un Dios en tres personas, una Biblia con dos testamentos, y una historia que tiene su clímax en Jesucristo. El erudito veterotestamentario John Goldingay lo explica de la siguiente forma:

---

1. Ellen F. Davis, "Teaching the Bible Confessionally in the Church", en *The Art of Reading Scripture*, ed. E. F. Davis y R. B. Hays (Grand Rapids: Eerdmans, 2003), 18.

Cada historia bíblica individual pertenece a la escena de la historia como un todo, que se extiende desde el Comienzo hasta el Fin, con el evento de Cristo en el centro. La historia del Segundo Testamento debe ser leída a la luz de la historia relatada en el Primero y viceversa. Los dos Testamentos son como los dos actos de una obra. La gente no puede esperar comprender el Segundo Acto si se pierden el Primer Acto, ni tampoco entender el Primer Acto si se retiran en el entreacto; ninguno de los actos puede ser entendido independientemente del otro.[2]

La consecuencia de esto es que el Antiguo Testamento no es un prólogo desechable de Jesús, pues contiene las primeras escenas vitales de una historia cuyo clímax es Jesucristo. El Antiguo Testamento no es un simple acto de preparación para Jesús, sino que es enteramente **cristológico** o, como lo llama Peter Enns, **cristotélico,** en cuanto a que Jesús es el fin y el clímax de la revelación de Dios a Israel. Con cristotélica, me refiero a que la Escritura es preparatoria y tiene su finalidad en la revelación de Dios en el hombre Jesús de Nazaret.[3]

La lectura cristotélica que la iglesia antigua hacía de la Escritura, es decir, del Antiguo Testamento, se basaba en leer la Escritura desde el punto de vista de la fe en Cristo, y en estudiar la Escritura con la lente de Jesús. Jesús se vuelve presente en el Antiguo Testamento, cuando es visto desde el punto de vista de la fe del evangelio[4]; no atendiendo exclusivamente a lecturas literales, ni a un patrón de promesa y cumplimiento. Identificar a Jesús en el Antiguo Testamento, en este sentido más pleno, no solo depende de una buena exégesis sino de una revelación (Lucas 24:45), de un nuevo nacimiento (Juan 3:5-10), de la iluminación del Espíritu (Juan 14:26; 15:26), y de la remoción del velo de oscuridad (2 Corintios 3:12-18). Esta es una interpretación dirigida por la experiencia del Jesús resucitado, del testimonio apostólico, de la maravilla de la adoración, y de la guía del Espíritu. Según Peter Enns, "Los apóstoles no llegaron a la conclusión de que Jesús es el Señor a partir de una lectura desapasionada y objetiva del Antiguo Testamento. En cambio, ellos comenzaron por lo que sabían que

---

2. John E. Goldingay, *Models for Interpretation of Scripture* (Grand Rapids: Eerdmans, 1995), 62.

3. Acerca del Antiguo Testamento como "cristotélico", ver Peter Enns, *Inspiration and Incarnation: Evangelicals and the Problem of the Old Testament* (Grand Rapids: Baker, 2005), 152–60.

4. Ver Richard B. Hays, *Reading Backwards: A Figural Christology and the Fourfold Gospel Witness* (Waco, TX: Baylor University Press, 2014).

era cierto —la muerte y resurrección histórica del Hijo de Dios— y en base a ese hecho releyeron su Escritura de un modo renovado".[5]

Esto explica por qué los intérpretes cristianos creían que los santos del Antiguo Testamento habían recibido de antemano el evangelio de Cristo (Romanos 10:16; Gálatas 3:8; Hebreos 4:2; 1 Pedro 3:19-20). Esta es la razón por la cual el Antiguo Testamento era considerado como una "sombra" de las realidades que fueron efectuadas en Cristo (Colosenses 2:17; Hebreos 8:5; 10:1). Esto explica por qué Mateo enfatiza constantemente tanto las promesas escriturales que han sido cumplidas en Jesús como las figuras que han sido repetidas en él (p. ej., Mateo 2:14-18). Por esta razón, Judas creía que Jesús fue quien liberó a Israel de la tierra de Egipto (Judas 5). Esta es la razón por la que Pablo pudo decir que "Cristo" fue la roca que acompañó a los israelitas en su camino en el desierto y de la cual todos bebieron (1 Corintios 10:4); que la promesa de Dios a la "simiente" de Abraham pertenece a nadie más que a "Cristo" (Gálatas 3:16); que Adán fue "figura de aquel que había de venir" (Romanos 5:14); y que Cristo es "el fin de la ley" (Romanos 10:4).

Del mismo modo, si miramos la historia de la iglesia antigua, podremos ver que se mantiene viva la misma creencia de que el Antiguo Testamento prefigura y profetiza de Cristo. Por ejemplo, Melitón de Sardes (ca. 190 d. C.) pudo escribir su famosa *Pascha* acerca de cómo Cristo aparece en el Antiguo Testamento como una figura, una ilustración y una anticipación de la liberación que estaba por venir:

> El Señor preparó de antemano sus propios padecimientos
> en los patriarcas y los profetas y en todo el pueblo;
> mediante la ley y los profetas los selló.
> Para que recientemente y excelentemente
> sucediera lo que había ordenado desde la antigüedad.
> Para que cuando ocurriera hallara fe,
> habiendo sido predicho desde tiempos antiguos.
>
> Por tanto, el misterio del Señor,
> prefigurado desde la antigüedad mediante la visión de un tipo,
> hoy está cumplido y ha hallado fe,
> aun cuando la gente lo pensaba algo nuevo.
> Pues el misterio del Señor es tanto nuevo como viejo;

---

5. Enns, *Inspiration and Incarnation*, 152.

viejo respecto a la ley,
pero nuevo respecto a la gracia.
Pero si analizan el tipo a partir del resultado
lograrán discernirlo.

Por tanto, si deseas ver el misterio del Señor,
mira a Abel que también fue asesinado,
a Isaac que también fue atado,
a José que también fue vendido,
a Moisés que también fue expuesto,
a David que también fue perseguido,
a los profetas que también sufrieron por amor a Cristo.

Y mira las ovejas, sacrificadas en la tierra de
Egipto, las cuales salvaron a Israel mediante su sangre
mientras Egipto era derribado.[6]

Los apóstoles y los padres de la iglesia no leían sus Biblias de manera estrictamente literal, ni tampoco se entregaban a alegorías interminables. Pero sí adoptaron un enfoque muy consistente, el cual consideraba que el Antiguo Testamento traía consigo una serie de promesas y figuras que tuvieron su cumplimiento en Cristo. Ellos veían a Cristo en el Antiguo Testamento como el agente divino que estuvo activo en la creación y en el éxodo, y que se manifestó en el ángel del Señor. Ellos también encontraron imágenes de Cristo tanto en la Ley, en los Profetas y en los Salmos.

El esfuerzo de hallar a Jesús en el Antiguo Testamento es simplemente la consecuencia lógica de la creencia de ver en la fidelidad de Jesús, la fidelidad de Dios hacia Israel. Si Dios envió a Jesucristo para traer salvación (Romanos 8:3; Gálatas 4:4-5; 1 Juan 4:9-10), entonces seguramente comunicó su intención en las Santas Escrituras (Lucas 24:44; Hechos 13:33). Si, como afirma el evangelio, Jesús es el agente supremo de Dios tanto en la creación como en la redención, entonces, seguramente, siempre ha tenido este rol (Juan 1:1-2; Colosenses 1:15; Hebreos 1:1-2). Esto es lo que motivó a estos primeros cristianos a leer el Antiguo Testamento de esta forma, para buscarlo, para verlo, y hallar su presencia en las Escrituras.

---

6. Melitón de Sardes, *Pascha* 57–60 (Melito of Sardis, *On Pascha*, ed. y trad. Alistair C. Stewart [Yonkers, NY: St. Vladimir's Seminary Press, 2016], 67–68).

ESTÁ BIEN, PERO NO JESUSIFIQUES TODO

Tomemos un pequeño descanso y asegurémonos de que nuestra lectura cristotélica de la Escritura no se interprete del modo equivocado. Sí, Jesús es el centro de la Escritura, tanto del Antiguo Testamento como del Nuevo. Sí, leer el Antiguo Testamento a través de los ojos de la fe requiere que creamos que Moisés, los Profetas y los Salmos dan testimonio acerca de la persona y obra de Cristo en una gran variedad de formas. Sin embargo, existen otros aspectos de la lectura de las Escrituras que debemos considerar en nuestra estrategia de lectura cristotélica.

¡Sin cristomonismo!

Para comenzar, debemos ser cautelosos de lo que podríamos llamar un enfoque **cristomonístico** de la Escritura. Este es el problema en el cual la Escritura, especialmente el Antiguo Testamento, se predica casi exclusivamente como una forma de comunicar y exponer a Cristo, pero ignorando tanto el contenido real de un pasaje como su interés principal (recuerden a lo que les dije debían prestar atención en el capítulo 5). Probablemente conozcan el problema del que les estoy hablando —donde la conclusión y aplicación de todo sermón es "¡Que grandioso que es Jesús!" o "¡Seamos más como Jesús!". Miren, hay muchos momentos y lugares indicados donde podemos hacer esto en un sermón, es decir, ponernos en la tesitura "loco por Jesús". Sin embargo, en la Escritura, no todo momento y lugar es el indicado para hacerlo. Nuestra lectura de la Escritura no debería ser unidimensional o monolítica. El aspecto cristotélico de la Escritura es importante, incluso vital, pero es solo un aspecto de nuestra estrategia de lectura —necesitamos prestar atención a mucho más que solo al testimonio cristológico de la Escritura.

Por ejemplo, uno *podría* predicar la historia de David y Betsabé en 2 Samuel 11-12 y quizás, para la aplicación, enfocarse en cómo Dios planeó enviarnos un nuevo rey que fuera mejor que David, un David más grande, un rey que no fallara como lo hizo David, y Jesús es el nombre de aquel rey. Sin embargo, cuando leo la historia de David y Betsabé, pienso que cuando menos deberíamos decir algo acerca de los peligros del adulterio y la codicia, de la lujuria que conduce a la violencia, del poder masculino y la explotación femenina, y de que nuestras acciones tienen consecuencias. De la misma forma, cuando predicamos la parábola del hijo pródigo en Lucas 15:11-32, me gustaría decir algo más que: "Jesús trae de regreso a Dios a hijas e hijos pródigos". Me gustaría decir algo, por ejemplo, acerca de la paternidad de Dios, compasiva y llena de gracia, y advertir acerca del peligro de convertirnos en los altivos hermanos mayores. En otras palabras, el enfoque cristotélico de la Biblia es un complemento a las dimensiones teológicas, éticas y eclesiales de la Escritura y no una alternativa. Sí, "toda historia susurra su nombre", pero el nombre de Jesús no es el único nombre en cada historia, ni la única parte de cada historia, ni la única subtrama de cada historia, ni el único interés de cada historia. Así que no debes rechazar las lecturas cristotélicas como alegoría, pero tampoco debes convertirte en un lector cristomonista. No te conviertas en alguien que busca tanto a Jesús en cada parte de la Biblia que termina ignorando los diferentes argumentos, temas, lecciones y capas de significado escritural.

Sin perder de vista el horizonte cristotélico de la Escritura, debemos prestar atención a otras dimensiones de la Biblia que están relacionadas con Dios, la ética y la iglesia.

Dimensión teocéntrica

Además de nuestra interpretación cristotélica, es necesario que seamos teocéntricos. Al decir teocéntrico, me refiero a que reconozcamos que la Escritura es una historia de Dios. Esta es una suposición bastante sencilla, y requiere que prestemos atención a cómo Dios es un personaje central dentro de la historia bíblica. Como tal, necesitamos detectar la providencia de Dios detrás de cada escena; notar instancias del amor de Dios; explorar la relación de Dios con los patriarcas, Israel, los profetas y los reyes; prestar atención a las demandas de Dios a su pueblo; y atender a la obra redentora de Dios para su pueblo. Y cuando digo "Dios", no me refiero al bondadoso Santa Claus cósmico del cristianismo cultural; no, sino a la Trinidad —un *racconto* completo de la deidad cristiana como ser tripersonal. Leemos la Escritura atentos al Dios trino, un Dios en tres personas —Padre, Hijo y Espíritu Santo— que existe en una sustancia, poder y eternidad. La Escritura ilumina la Trinidad, y a su vez es iluminada por ella.

La historia escritural involucra a Dios el Padre, Dios el Hijo y Dios el Espíritu Santo. Cada momento de la historia nos cuenta algo acerca del carácter de Dios, sus propósitos, su adoración, sus demandas y su amor. Esto alcanza su clímax en el envío de Jesús, un envío que es comunicado en el Antiguo Testamento, y su significado es actualizado en nuestros corazones por el Espíritu Santo. La perspectiva teocéntrica de la Escritura significa que miramos a Dios como quien crea, ordena, llama, pacta y consuma todas las cosas. La Biblia no podría ser un libro acerca de Jesús si primeramente no fuera un libro acerca de Dios, inspirado e iluminado por el Espíritu Santo.

Dimensión moral

La Escritura cristiana posee una importante **dimensión moral**.[7] La Escritura es uno de los instrumentos principales mediante el cual Dios moldea nuestro carácter, forma nuestra consciencia, castiga nuestro pecado y nos conforma a las enseñanzas y al ejemplo de Jesús. Sí, sé que esto fácilmente puede derivar en el moralismo, e incluso en el legalismo, reduciendo la Escritura a una simple lista de reglas aprobadas por Dios. Sin embargo, la Escritura realmente pone ante nosotros una visión moral, mostrándonos figuras que imitar, y mandamientos que obedecer. La narrativa escritural moldea personas de acuerdo al carácter de Dios para seguir el modelo de Cristo y llevar fruto del Espíritu Santo. La Escritura nos impone una historia, y esta historia es la que moldea nuestras acciones, al igual que debería determinar nuestras creencias. Por lo tanto, no descuiden el horizonte ético de la Escritura, no sea que terminen convirtiéndose en personas moralmente vacías.

La lectura de la Biblia para la formación ética y su lectura de modo cristotélico no son mutuamente excluyentes. Según el teólogo africano Samuel Waje Kunhiyop:

Las personas no son cristianas solo porque creen en Dios o en algún poder sobrenatural; son cristianos porque creen que Jesús es el Hijo de Dios que murió y se levantó de su tumba y que da a cada creyente el poder de vivir una vida moral. Como Hijo de Dios, Jesús es la revelación más completa de quién es Dios. Él es, por lo tanto, nuestro paradigma ético, en otras palabras, nuestro ejemplo de cómo deberíamos vivir... Seguir los pasos de Cristo significa demostrar las mismas cualidades que Jesús demostró en su vida terrenal. Pablo comúnmente extrae las implicaciones que tiene tanto la muerte de Jesús como su resurrección para nuestra conducta ética (Ro. 6:1-14; 8:17, 29-30; 15:1-7; 1Co. 10:2-11; 2Co. 4:7-15; 12:9-10; Gá. 2:19-20; 5:24; 6:14).[8]

Dimensión eclesial

Finalmente, la Escritura debería ser leída **eclesiocéntricamente** (*eclesio* viene de la palabra griega *ekklesia*, que significa "iglesia" o "asamblea").

---

7. Ver Jason Hood, "Christ-Centred Interpretation Only? Moral Instruction from Scripture's Self-Interpretation as Caveat and Guide," *Scottish Bulletin of Evangelical Theology* 27 (2009): 50–69.

8. Samuel Waje Kunhiyop, *African Christian Ethics* (Nairobi: Hippo, 2008), 54.

La Escritura, en cierta forma, también se trata de la iglesia. Pablo hace un comentario interesante cuando dice a los Corintios que las cosas escritas en la Escritura fueron escritas para su instrucción, pues ellos son sobre quienes "ha llegado el fin de los tiempos" (1 Corintios 10:11). Esto no es poner a la iglesia, o a nosotros mismos, en el centro del propósito y de los planes de Dios. Aun así, debemos recordar que el poder redentor de Dios ha penetrado en la era presente, ha explotado sobre la iglesia y aguarda por su cumplimiento futuro. El plan de Dios es para que su pueblo reine con Cristo en una nueva creación, en un nuevo cielo y una nueva tierra, experimentando la gozosa y culminante unión de Dios con su pueblo. Como tal, Dios quiere que realmente nos convirtamos en pequeñas miniaturas de su Hijo, en pequeños íconos de Cristo, para habitar su nuevo mundo, para experimentar la promesa de una paz sin fin y la vida eterna, para disfrutar de Cristo por siempre, y para participar de su liderazgo cósmico. La iglesia no es una simple colección pasiva de consumidores religiosos que esperan ser llevados al cielo de un momento a otro. Muy al contrario, el pueblo de Dios es el medio creado, a través del cual, la palabra y el testimonio de Dios son llevados hacia el mundo, hasta el día en que Dios llene completamente todas las cosas, y hasta el momento en que los reinos de las naciones sean desplazados por el reino de nuestro Dios y su Mesías. En el ínterin, sin embargo, la iglesia es ahora un embajador del reinado de Dios, y en el futuro estamos destinados a ser corregentes con Cristo. Por lo tanto, en la visión final de la revelación de Juan de Patmos, leemos: "No necesitarán luz de lámpara ni de sol, porque el Señor Dios los alumbrará. Y reinarán por los siglos de los siglos" (Apocalipsis 22:5). Si todo esto es cierto, y creo firmemente que esto es así, entonces debemos leer la Escritura en la manera que Pablo dijo a los Corintios, con los ojos puestos en lo que la Escritura instruye a la iglesia, y con una mente puesta en cómo los propósitos de Dios culminan en la unión entre Cristo y su iglesia; siempre conscientes de que la Escritura apunta al rol que tiene la iglesia dentro de la revelación progresiva de los misteriosos propósitos de Dios.

¿DEBERÍAMOS INTERPRETAR LAS ESCRITURAS COMO LO HICIERON LOS APÓSTOLES?

Algo descarado que suelo hacer con mis estudiantes, es llevarlos a través de algunos pasajes del Nuevo Testamento para ver cómo interpretaban los apóstoles el Antiguo Testamento. Los hago leer las narrativas de la infancia en Mateo 1-2, la narrativa de la pasión Joánica en Juan 19, el extenso discurso de Pablo acerca de Israel en Romanos 9-11, la argumentación polémica de Pablo en Gálatas 3-4, y la visión de Juan acerca de la mujer y el dragón en Apocalipsis 11-12. Luego de esto, les pregunto: "¿Deberíamos interpretar el Antiguo Testamento como lo hacía la iglesia antigua?". Estos capítulos contienen algunos ejemplos realmente desconcertantes de cómo interpretaban el Antiguo Testamento los apóstoles, los evangelistas y la iglesia antigua en general. Es decir, Pablo habla de interpretar las cosas "alegóricamente" (Gálatas 4:24, LBLA); Juan el Vidente dice que su visión debería ser entendida "espiritualmente" (Apocalipsis 11:8, JBS); muchas de las citas que hace Mateo del Antiguo Testamento no se destacan como claros textos mesiánicos cuando se los lee en sus propios términos; y la argumentación de Pablo respecto a Israel se encuentra tan densamente empaquetada por una avalancha de citas y alusiones al Antiguo Testamento, que llega a ser abrumadora. No es de extrañar, que muchos de mis estudiantes se sientan conflictuados, confundidos, y aprensivos, y que muchos sean reacios a seguir la interpretación bíblica de los apóstoles.

Esto contiene una alegoría, pues estas mujeres son dos pactos. Uno procede del monte Sinaí que engendra hijos para ser esclavos; este es Agar. Ahora bien, Agar es el monte Sinaí en Arabia, y corresponde a la Jerusalén actual, porque ella está en esclavitud con sus hijos. Pero la Jerusalén de arriba es libre; esta es nuestra madre. Porque escrito está:

«Regocíjate, oh estéril, la que no concibes;
Prorrumpe y clama, tú que no tienes dolores de parto,
Porque más son los hijos de la desolada,
Que de la que tiene marido».
(Gálatas 4:24-27, NBLA).

Y sus cuerpos serán echados en las plazas de la gran ciudad, que espiritualmente es llamada Sodoma, y Egipto; donde también nuestro Señor fue colgado en el madero.
Y los de los linajes, y de los pueblos, y de las lenguas, y de los gentiles verán los cuerpos de ellos por tres días y medio, y no permitirán que sus cuerpos sean puestos en sepulcros.

(Apocalipsis 11:8-9, JBS).

La interpretación del Antiguo Testamento de la iglesia antigua parece extraña cuando se la compara con la forma en que la mayoría de los cristianos han aprendido a leer la Escritura. Algunos suponen que los apóstoles podían emprender sus intrincadas maniobras interpretativas, llenas de volteretas cristológicas, debido a que poseían una licencia especial para hacer algunas locuras. Debido a esto, deberíamos obedecerles, pero no deberíamos seguir sus métodos interpretativos. Suelo decirle a mis estudiantes lo siguiente: *si* Jesús es el clímax del pacto, *si* Jesús es el cumplimiento de la ley, *si* Jesús es aquel a quien los profetas apuntaban de antemano, *si* las Escrituras verdaderamente testifican de Jesús, *si* el Antiguo Testamento está lleno de figuras o tipos que anticipan a Jesús como Señor y Salvador, *entonces* no solo es legítimo leer la Escritura de manera cristotélica, sino que también es una exigencia como una cláusula de fe. Leer la Escritura como un cristiano es considerar que ella encuentra su esencia, coherencia y unidad en Jesucristo. Como cristianos cuya fe fue establecida en el fundamento de los profetas y los apóstoles (Efesios 2:20), estamos en la obligación de seguir sus estrategias para predicar y enseñar la Escritura. Así que, sí, ustedes deberían interpretar la Biblia como lo hicieron los apóstoles, si es que afirman pertenecer a una iglesia que está basada en el evangelio que ellos predicaron. Lo que es más, después de dos mil años de interpretación, esta manera apostólica de lectura cristiana, con su dimensión espiritual y foco cristotélico, es mucho más estable, duradera y coherente que las interminables manías y fragmentaciones que han caracterizado a los enfoques seculares de la Biblia.

TODO EL CONSEJO DE DIOS JUNTO CON UNA INTERPRETACIÓN PRUDENTE

Pablo dijo a los Efesios que durante su ministerio no se había abstenido de declararles "todo el consejo de Dios" (Hechos 20:27, JBS). Con esto, Pablo se refería a que no dudó en exponer la voluntad de Dios como se revela en la totalidad de las Escrituras. Lo que he intentado explicar en este capítulo es que aprender todo el consejo de Dios requiere un enfoque interpretativo prudente y holístico. Esto es lo que deben llevarse: la Escritura es cristotélica —Jesús es el fin y la unidad de la Escritura. De hecho, sabemos esto porque Jesús interpretó la Escritura como un testimonio de sí mismo. Sin embargo, no se vuelvan cristomonísticos y asegúrense de también prestar atención a los aspectos teocéntrico, moral y eclesial de la Escritura.

Además de eso, una de las mejoras formas de comenzar a interpretar el Nuevo Testamento de una manera cristotélica es observar cómo los apóstoles interpretaron el Antiguo Testamento. Si afirmamos formar parte de una asamblea cuyo linaje asciende hasta los apóstoles, y nos consideramos a nosotros mismos como guardianes del evangelio que proclamaron los apóstoles, entonces nuestro enfoque de la Escritura debería estar en continuidad con el de ellos. Siendo brutalmente honesto, ustedes deberían hacer todo eso y más si son protestantes, pues esta fue, en parte, la razón de la Reforma: ¡recuperar el evangelio apostólico y la manera apostólica de leer la Escritura! Así que manténgase cerca de los apóstoles al igual que ellos tratan de mantenerse cerca de Jesús en la Escritura, siempre conscientes de la dimensión teológica, moral y eclesial de la misma.

LECTURA RECOMENDADA

Davis, Ellen F. *Wondrous Depth: Preaching the Old Testament*. Louisville: Westminster John Knox, 2005.

Greidanus, Sidney. *Preaching Christ from the Old Testament*. Grand Rapids: Eerdmans, 1999.

Smith, Brandon y Everett Berry. *They Spoke of Me: How Jesus Unlocks the Old Testament*. Spring Hill, TN: Rainer, 2018.

Williams, Michael. *How to Read the Bible through a Jesus Lens: A Guide to Christ-Focused Reading of Scripture*. Grand Rapids: Zondervan, 2012.

Wright, Christopher J. H. *Knowing Jesus through the Old Testament*. Downers Grove, IL: InterVarsity Press, 1992.

LOS CINCO TEXTOS MÁS CITADOS DEL ANTIGUO TESTAMENTO EN EL NUEVO TESTAMENTO

Una faceta interesante de la predicación apostólica, es que los apóstoles reivindicaron repetidamente las narraciones de los evangelios acerca de la muerte del Mesías, su resurrección y su exaltación ocurrida "conforme a la Escritura" o en "cumplimiento de la Escritura" (p. ej., Juan 2:22; Hechos 13:33; 1 Corintios 15:3-4). Sin embargo, ¿precisamente qué Escrituras tenían en mente los apóstoles y los primeros cristianos? ¿Qué historias y tipos escriturales estaban recordando? ¿En qué lugar del Antiguo Testamento buscaron evidencia profética para su mensaje?

Para mí, como profesor de estudios bíblicos, uno de los momentos más personalmente traumatizantes en mi experiencia en la enseñanza, y una causa de preocupación constante acerca del estado de la educación bíblica en nuestras iglesias, es cuando pregunto a una nueva cohorte de estudiantes: "¿Cómo predicarían ustedes el evangelio a partir del Antiguo Testamento?". Eh, cualquiera puede predicar el evangelio a partir de Romanos, Hechos o del Evangelio de Mateo, pero ¿qué me dicen del Antiguo Testamento? Recuerden, los apóstoles no escribieron el Nuevo Testamento diez minutos después de Pentecostés, entonces ¿qué Escrituras del Antiguo Testamento usaban cuando predicaban de Jesús como Señor y Mesías? Cuando hago esta pregunta a los estudiantes de primer año del seminario, supuestamente provenientes de iglesias con buena base bíblica, recibo expresiones de estupor, como las de un ciervo frente a los faros de un carro, o estudiantes que levantan sus manos para citar de memoria el Salmo 23. Irónicamente, a pesar de la popularidad del Salmo 23 en lo concerniente a la piedad personal, dicho salmo jamás es citado en el Nuevo Testamento. Así que les suelo decir que deben esforzarse un poco más, pero todo lo que obtengo es silencio.

Debajo les presentaré los cinco textos del Antiguo Testamento que más aparecen en el Nuevo Testamento, junto con una explicación de lo que los hizo tan apropiados para la enseñanza apostólica y tan útiles en la prédica evangelística.

SALMOS 118:22-26

La piedra que desecharon los constructores
    ha llegado a ser la piedra angular.
Esto ha sido obra del Señor,
    y nos deja maravillados.
Este es el día en que el Señor actuó;
    regocijémonos y alegrémonos en él.

Señor, ¡danos la salvación!
    Señor, ¡concédenos la victoria!
Bendito el que viene en el nombre del Señor.
    Desde la casa del Señor los bendecimos.

Cuando Isabel I, hija del rey inglés Enrique VIII, descubrió que se iba a convertir en reina, presuntamente cayó al piso y citó el Salmo 118:22 en latín. Su gozo y su asombro se debían a que, en lugar de ser ejecutada por su hermana la reina María como una hereje protestante y una rival al trono, Isabel en cambio, se convertiría en reina luego de la inminente muerte de María. Este fue el cambio más inesperado para Isabel: pasó de ser una potencial víctima de martirio, a ser una verdadera reina. Del mismo modo, el Salmo 118, comprendido en su contexto original, es un salmo de acción de gracias para celebrar el drástico cambio que realizó Dios en la vida de los hebreos cuando fueron liberados de Egipto. Posteriormente, este salmo sería cantado por los peregrinos al entrar a Jerusalén para la Pascua o incluso durante la celebración de la misma.

En el Nuevo Testamento, Jesús cita este salmo luego de contar la parábola de los labradores malvados. La idea era que él y sus seguidores eran los que habrían de ser rechazados por el liderazgo judío ("la piedra que desecharon los constructores") y, sin embargo, serían vindicados por Dios y recibirían el reino de Dios y constituirían la "piedra angular" del Israel renovado (Mateo 21:42-44). Según Lucas, Pedro dio un discurso a los ancianos de Jerusalén y a los líderes sacerdotales, en donde les dijo: "Jesucristo es 'la piedra que desecharon ustedes los constructores, y que ha llegado a ser la piedra angular'. De hecho, en ningún otro hay salvación, porque no hay bajo el cielo otro nombre dado a los hombres mediante el cual podamos ser salvos" (Hechos 4:11-12). Pedro, en su propia carta a las iglesias del norte de Asia Menor, combina Isaías 28:16, que trata acerca de la roca escogida y preciosa puesta en Sión, y el Salmo 118 que trata de la piedra angular rechazada. El resultado es que, al igual que Jesús, las iglesias son rechazadas y, sin embargo, son escogidas por Dios para ser su casa espiritual y su pueblo espiritual: "Cristo es la piedra viva, rechazada por los seres humanos, pero escogida y preciosa ante Dios. Al acercarse a él, también ustedes son como piedras vivas, con las cuales se está edificando una casa espiritual. De este modo llegan a ser un sacerdocio santo, para ofrecer sacrificios espirituales que Dios acepta por medio de Jesucristo" (1 Pedro 2:4-5). Jesús pudo haber sido rechazado por los líderes judíos y crucificado por los romanos, y los filósofos griegos pudieron haberse burlado de su mensaje, pero lo que importa es lo que Dios ha declarado acerca de él y de su pueblo: él es la piedra angular sobre la cual el Dios de Israel ha creado un Israel renovado, el cual está compuesto por judíos y gentiles unidos por la fe en él.

LEVÍTICO 19:18

"Ama a tu prójimo como a ti mismo".

En el famoso show de ciencia ficción británico *Doctor Who*, una disparatada señora mayor asegura que la Versión Rey Jacobo del Antiguo Testamento dice lo siguiente: "No permitiréis que una bruja viva", a lo cual el doctor responde que la secuela del Antiguo Testamento —el Nuevo Testamento— dice, "Ama a tu prójimo". Lamentablemente, el buen doctor necesita un curso introductorio a la Biblia. Es cierto, el Nuevo Testamento ciertamente dice, "Ama a tu enemigo", ¡pero lo hace citando Levítico 19:18 del Antiguo Testamento! Así que no puedes usar los mandamientos duros y sin amor del Antiguo Testamento contra el amor y la misericordia del Nuevo Testamento. Si el cristianismo tiene un enfoque característico a su ética, este debería ser su prioridad por amar las relaciones, no solo con sus pares cristianos, sino incluso con aquellos que se encuentran fuera de la iglesia.[1]

---

1. El mandamiento de amar también es hallado en la literatura judía y además existen abundantes ejemplos similares en los escritos greco-romanos. El filósofo Epicteto, casi contemporáneo de Pablo, instó a todo filósofo que es azotado a "amar a quienes lo azotan como si fueran sus padres o sus

Los cristianos son definidos por amar a Dios y amar a su prójimo. Y este *ethos* se encuentra arraigado firmemente en el Antiguo Testamento: deriva de la revelación propia de Dios a Israel, y el amor es intrínseco a la ética y al *ethos* de la vida religiosa de Israel. El mandamiento de amar de Levítico 19:18, dado para mitigar la posibilidad de que una persona busque vengarse de su par israelita, fue utilizado por Jesús, incorporado en su enseñanza, y terminó constituyendo una característica distintiva de las instrucciones dadas a sus seguidores. Según Jesús, las personas del reino aman a su prójimo, incluso a sus enemigos y perseguidores, y esto es el resumen de toda la Torá (Mateo 5:43; 22:39). También es interesante que tanto Pablo (Romanos 13:9-10; Gálatas 5:14) como Santiago (Santiago 2:8) repiten la noción del mandamiento de amar como resumen de la Torá y consideran que este mandamiento es el aspecto más importante del comportamiento cristiano. De forma natural, tanto el mandamiento de amar, como la disciplina de aplicar el amor, se convirtieron en características distintivas de la espiritualidad cristiana, la ética social y la vida comunal.

SALMOS 110:1, 4

Así dijo el Señor a mi Señor:

"Siéntate a mi derecha
hasta que ponga a tus enemigos
por estrado de tus pies"...

El Señor ha jurado
y no cambiará de parecer:
"Tú eres sacerdote para siempre,
según el orden de Melquisedec".

Recientemente vi el exitoso musical *Hamilton*, que está colmado de temas cristianos y es muy divertido. En una canción, el narrador, Aaron Burr, describe el nombramiento de Alexander Hamilton como jefe de estado mayor del general George Washington como si Hamilton estuviera "sentado a la mano derecha del padre", y esas palabras son una cita directa del Credo de los Apóstoles, el cual es una síntesis del Salmo 110:1 y sus múltiples alusiones en el Nuevo Testamento.

El Salmo 110 es el pasaje del Antiguo Testamento más frecuentemente citado, aludido y repetido en todo el Nuevo Testamento. ¡Está en todas partes! Ahora bien,

---

hermanos" (Arrian, Epict. Diss. 3.22.54). Casi un siglo después de Jesús, el Rabino Akiva denominó al mandamiento Levítico de amar como "el mayor principio de la ley" (Sipra Lev §200).

en su contexto original, el Salmo 110 es un salmo de la realeza que habla del triunfo de la dinastía Davídica sobre los reinos paganos circundantes. Un cortesano declara cómo "el Señor" (Yahveh) promete a "mi señor" (*Adonai*, es decir, el rey Davídico) subyugar a sus enemigos. Sin embargo, Jesús y la iglesia primitiva comprendían que David era el orador del salmo en el cual el Señor (Yahveh) prometía al Señor de David (el Mesías) subyugar a sus enemigos. Es por esto que Jesús preguntó a los fariseos cómo es que el Mesías podía ser hijo de David si él mismo lo llama Mesías, "Señor". Esto implica que, a pesar de que el Mesías podría ser hijo de David, él es más que un hijo de David —es preexistente y destinado a participar de la esfera de la soberanía divina (Mateo 22:41-46).

Otros autores del Nuevo Testamento reflexionaron acerca del Salmo 110 en relación a Jesús y creían que Dios "lo sentó a su derecha en las regiones celestiales, muy por encima de todo gobierno y autoridad, poder y dominio" (Efesios 1:20-21); Jesús "se sentó a la derecha de la Majestad en las alturas" (Hebreos 1:3); y Jesús "subió al cielo y tomó su lugar a la derecha de Dios, y a quien están sometidos los ángeles, las autoridades y los poderes" (1 Pedro 3:22). La exaltación de Jesús en el trono del poder divino es acentuada en Apocalipsis 4-5. Allí encontramos el informe de una visión que trata del salón del trono celestial de Dios y de la adoración ocurrida allí dentro, pero pronto se hace claro que el Cordero de Dios comparte el trono de Dios, se pone de pie en medio del trono, y recibe el mismo coro de adoración divina que Dios el Padre. En otras palabras, cuando el Salmo 110 es visto de manera cristológica, Jesús no se está relajando en el cielo; en cambio, estando en su cuerpo humano glorificado, ejerce su regencia divina sobre los asuntos del universo.

DANIEL 7:13

En esa visión nocturna, vi que alguien con
aspecto humano venía entre las nubes del cielo.
Se acercó al venerable Anciano y fue llevado a su presencia.

Josefo, el historiador judío, escribiendo después de la revuelta judía contra Roma, y de la destrucción del templo en 66-70 d. C., se refirió a un "oráculo ambiguo" que retrataba una figura, un carismático o un líder militar, que subyugaría a los romanos y conquistaría la tierra habitable. Yo, y muchos otros, pensamos que Josefo se refería al Libro de Daniel, especialmente a los capítulos 2, 7 y 9, cuando menciona este oráculo.[2] El Libro de Daniel es un documento complejo por una gran variedad de razones —idioma,

---

2. Ver Josephus, *War* 6.312–15; 4.388, y la discusión en N. T. Wright, *The New Testament and the People of God* (London: SPCK, 1992), 314.

fecha, escenario, autoría, etc. Sin embargo, es claro que Daniel 7, con su visión de las cuatro bestias y del Hijo del Hombre que es entronizado frente al Anciano de Días, fue un texto muy significativo para la iglesia primitiva. Pueden estar en desacuerdo con lo que digo, pero pienso que las cuatro bestias representan a los imperios babilonio, persa, macedonio y seléucida, y el cuerno arrogante probablemente sea Antíoco IV Epífanes, el rey de Siria que profanó el templo de Jerusalén en 167 a. C., y quien posteriormente se convirtió en prototipo de toda figura antiDios y anticristo en las tradiciones judías y cristianas.

Estas bestias son los poderes paganos del mundo que se enfrentan a Dios y a su pueblo, y la pregunta inminente es si acaso Dios defenderá a los suyos. La respuesta a tal pregunta es presentada en la narrativa inmediatamente después de la descripción de las cuatro bestias y de la aparición del cuerno arrogante, en la cual tenemos una misteriosa escena del trono donde "uno como hijo de hombre" llega ante el Anciano de Días y es conducido ante su presencia, y del cual se nos dice: "y se le dio autoridad, poder y majestad. ¡Todos los pueblos, naciones y lenguas lo adoraron! ¡Su dominio es un dominio eterno, que no pasará, y su reino jamás será destruido!" (Daniel 7:14). En mi mente, el "uno como hijo de hombre" se refiere al rey mesiánico de Dios, al reino de Dios y al pueblo de Dios (Daniel 7:18, 27). La visión de Daniel de una figura humana entronizada junto a Dios, simbolizando el triunfo de Israel sobre los imperios paganos y su panteón de dioses, fue adoptada por la literatura judía y cristiana y se convirtió en la materia prima de las expectativas y esperanzas mesiánicas para la liberación futura de la nación judía.

El título "Hijo del Hombre" es disputado: ¿acaso significa simplemente "hijo de Adán" o "ser humano"? ¿Es acaso un modismo arameo para "Yo" o "alguien en mi posición"? ¿Está vinculado a Daniel 7, y si es así, de qué manera? Los evangelios usan este título como la forma preferida de Jesús para referirse a sí mismo, muy probablemente como una alusión críptica al misterio que rodea su rol en el reino de Dios como su Mesías e inaugurador.[3] Si examinan Marcos 13, el discurso en el Monte de los Olivos, es posible que detecten cómo Daniel 7 ha dado forma a mucho del lenguaje acerca de la futura venida del Hijo del Hombre para traer juicio sobre el templo de Jerusalén y para salvar a los escogidos del acoso romano a la ciudad. También es interesante que en el juicio a Jesús frente al Sanedrín, el Señor respondió a una pregunta mesiánica hecha por el sumo sacerdote Caifás afirmando que él, como el Hijo del Hombre, sería entronizado a la derecha de Dios. Las palabras de Jesús, deliberada y provocativamente, combinan lenguaje del Salmo 110:1 y de Daniel 7:13, lo cual suscita una acusación de blasfemia contra Jesús por parte del sumo sacerdote (Mateo 26:64-65; Marcos 14:62-64; Lucas 22:67-70). Estas imágenes implican que Jesús compartirá —y ya lo

---

3. Ver Michael F. Bird, *Are You the One Who Is to Come? The Historical Jesus and the Messianic Question* (Grand Rapids: Baker, 2009), 77–116.

hace— el propio señorío de Dios.[4] Aunque el título "Hijo del Hombre" es muy poco utilizado fuera de los Evangelios (Hechos 7:56; Hebreos 2:6; Apocalipsis 1:13; 14:14), en la memoria de la iglesia primitiva, parece haber descrito a Jesús como la figura humana que sería entronizada ante Dios y que traería liberación al pueblo de Dios.

SALMOS 2:7

"Tú eres mi hijo", me ha dicho;
   "hoy mismo te he engendrado".

Ha pasado algún tiempo desde que los británicos tuvieron una ceremonia de coronación para designar un nuevo monarca. La reina Isabel II ha reinado desde 1953, y el Príncipe Carlos probablemente tendrá que esperar algunos años más para ser coronado rey. En el Salmo 2, tenemos un salmo de coronación, un texto que celebra a Dios nombrando a un nuevo rey israelita como su "hijo" y cumpliendo, de esta manera, las promesas que había hecho a David acerca de sus descendientes, "Cuando tu vida llegue a su fin y vayas a descansar entre tus antepasados, yo pondré en el trono a uno de tus propios descendientes, y afirmaré su reino. Será él quien construya una casa en mi honor, y yo afirmaré su trono real para siempre. Yo seré su padre, y él será mi hijo" (2 Samuel 7:12-14). Los autores de la iglesia primitiva pensaron que el Salmo 2:7 era apropiado para describir a Jesús durante su bautismo como quien fuera designado para ser el rey mesiánico y el Siervo Sufriente (Marcos 1:11) y uno puesto por Dios, en su resurrección, como el Hijo exaltado que reina junto al Dios de Israel (Hechos 13:33; Hebreos 1:5; 5:5). Observando el resto del salmo, Dios ha designado a Jesucristo, el Hijo de Dios, para reinar sobre las naciones y subyugar con cetro de hierro a los reyes de las naciones (Salmos 2:9; Hechos 4:24-28; Apocalipsis 2:27; 12:5; 19:15). La iglesia primitiva miró a Jesús, miró el Salmo 2, volvió a mirar a Jesús, y concluyó: este es el Hijo de Dios, este es el rey de Dios, este es Aquel que reinará sobre las naciones.

Podríamos discutir muchos otros textos del Antiguo Testamento y cómo aparecen en el Nuevo Testamento, en particular, el cuarto Canto del Siervo en Isaías 52–53, partes de Jeremías y Zacarías, historias de Génesis y Éxodo, elementos de Proverbios, y mucho más. Basta por ahora con decir que la iglesia primitiva leyó sus Escrituras judías a través de la perspectiva de Cristo, la cual hacía a Jesús la pieza central y la unidad orgánica de la totalidad de la Escritura.

---

4. Joel Marcus, "Mark 14:61: 'Are You the Messiah—Son of God?'", *Novum Testamentum* 31 (1989): 139 (125–41).

ÍNDICE DE TEXTOS BÍBLICOS

ÍNDICE TEMÁTICO